MON P'TIT CAHIER

4/8 ans

Arrivée du 2e

Nelly Deflisque

ILLUSTRATIONS
LAYLA BENABID (INTÉRIEUR)
ISABELLE MAROGER (COUVERTURE)

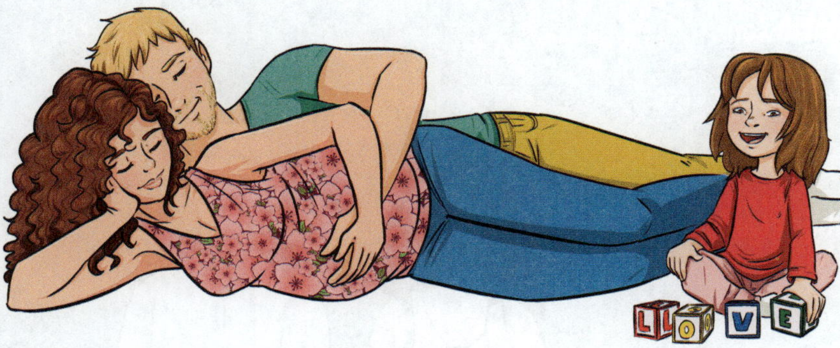

LA MAISON des MATERNELLES

SOLAR EDITIONS

Sommaire

Introduction

Félicitations, votre deuxième bébé est en route ! La famille s'agrandit, et votre cœur de jeune papa ou de jeune maman aussi... Bye-bye votre trio et son lot de premières fois inoubliables (comme les couches sales, les biberons nocturnes et les premiers mots trop choupi) et bonjour à une nouvelle vie à quatre ! Si vous aviez jusque-là l'impression de bien maîtriser les codes de la parentalité avec votre aîné, sachez que l'arrivée d'un deuxième enfant s'apparente à une véritable (et joyeuse) révolution dans votre quotidien...

Votre petit nouveau – encore bien au chaud dans le ventre maternel – ne le sait pas encore, mais il arrive sur le terrain conquis par son grand frère ou sa grande sœur ! Votre rôle de parent sera alors primordial : vous allez devoir préparer en douceur l'arrivée de votre deuxième bébé avec bienveillance et, surtout, patience. En effet, entre l'annonce de votre grossesse à l'aîné, les inévitables scènes de jalousie, les petites régressions (bonjour le come-back du pipi au lit et du pouce dans la bouche !), l'importance d'une présentation en bonne et due forme de votre nouveau-né à la maternité et les petits questionnements sur votre capacité à aimer ce deuxième enfant aussi fort que le premier, les défis ne manquent pas !

Rassurez-vous, la situation est loin d'être insurmontable, et peut même devenir une véritable partie de plaisir pour votre tribu. Au fil des pages de ce p'tit cahier, vous allez découvrir :

* Un décryptage des grands changements qui vous attendent tout au long de votre deuxième grossesse ! Focus sur vos nouvelles interrogations de jeune papa ou de jeune maman, sur les ajustements nécessaires en cas de famille recomposée, mais aussi sur la réorganisation de votre maison pour accueillir le petit dernier...
* Un pas-à-pas truffé de conseils et d'astuces pour bien gérer l'annonce de votre grossesse à l'aîné en fonction de son âge, afin qu'il se réjouisse (vraiment) de devenir le « grand » de la famille.
* Un programme adapté pour aider votre aîné à accepter la nouvelle : les étapes pour apaiser un sentiment de jalousie ou de tristesse, un enthousiasme excessif, voire de la colère.
* Trois kits de secours essentiels pour faire de vos enfants les meilleurs alliés du monde !

Alors, prêt pour une nouvelle vie à quatre pleine de surprise et de complicité ? C'est parti, on vous dit tout !

TEST : VOTRE AÎNÉ EST-IL BIEN PRÉPARÉ À L'ARRIVÉE DU DEUXIÈME ?

Vous redoutez le moment d'annoncer à votre enfant qu'il s'apprête à devenir grand frère ou grande sœur pour la première fois et vous aimeriez savoir s'il est prêt à entendre et, surtout, à accepter la nouvelle ? Pour savoir où en est votre petit avec ses émotions et pour gérer cette grande étape, répondez à ces quelques questions !

Le jour de la rentrée des classes, votre enfant est...

- Excité comme une puce : il court et gigote dans tous les sens.
- Peureux comme un lapin : il se cache derrière vous.
- À l'aise comme un poisson dans l'eau : il n'a pas peur de se faire des amis !

Quel est le paysage qui représente le mieux les émotions de votre enfant ?

- Un volcan, éruptif et intense.
- La mer, mystérieuse et changeante.
- Une montagne, solide et sereine.

Quand vous haussez le ton après une (énième) bêtise de votre enfant, comment réagit-il ?

- Il pleure, tape du pied et ne décolère pas.
- Il boude et file dans son coin !
- Il encaisse vos remarques et attend que l'orage passe.

À l'école, votre enfant...

- Est le roi de la récré, il est copain avec tout le monde, ou presque.
- Est plutôt un loup solitaire qui a du mal à se sociabiliser.
- Reste avec deux ou trois très bons copains avec qui il fait les quatre cents coups.

Vous l'invitez à jouer dans sa chambre...

- Il fonce jusqu'à son coffre à jouets et s'amuse comme un fou.
- Il s'ennuie vite et tourne en rond sans parvenir à se fixer sur une activité. .
- Il vous demande de venir jouer avec lui, à deux c'est plus drôle !

Quand vous changez brusquement son planning à cause d'un imprévu…

- Il pique une crise, il n'aime pas vraiment les changements.
- ✳ Il se renferme, il a du mal avec la nouveauté.
- Il s'adapte facilement, il aime bien le mouvement !

Faites les comptes !

	✳	

Vous obtenez une majorité de : VOTRE ENFANT N'EST… PAS ENCORE PRÊT !

Avec sa grande énergie, votre petit n'a pas peur des défis qui surgissent sur son chemin, mais il a tendance à se montrer ultra-réactif quand les choses ne se passent pas comme il le souhaite. À la clé ? Larmes de crocodile et grosses colères !

✳ **Est-il prêt à devenir grand frère ou grande sœur ?** Pas tout à fait, il faudra d'abord l'aider à apprivoiser son sentiment de perte de contrôle quand les choses ne se passent pas comme prévu !

✳ **Votre mission de parent ?** Trouver les mots rassurants pour calmer ses émotions et l'aider à transformer son ultra-réactivité en ultra-sérénité. Rendez-vous au chapitre 3 pour découvrir les rituels apaisants et les bons mots pour l'accompagner vers son nouveau rôle de « grand » !

Vous obtenez une majorité de ✳ : VOTRE ENFANT N'EST… PAS VRAIMENT PRÊT !

Pas du genre téméraire, votre petit est plutôt un grand sensible qui a besoin d'être accompagné et soutenu pour avancer dans la vie. Son côté « loup solitaire » l'empêche parfois de se projeter dans un groupe et de s'y sentir à l'aise ! Il a également un peu de mal à prendre des initiatives et il se comporte parfois comme un grand bébé…

✳ **Est-il prêt à devenir grand frère ou grande sœur ?** Oui, mais il a besoin de se sentir en confiance, aimé et rassuré pour ouvrir son cœur et sortir de sa petite bulle.

✳ **Votre mission de parent ?** Comprendre son fonctionnement pour lui permettre d'accueillir au mieux l'arrivée d'une petite sœur ou d'un petit frère, sans se sentir perdu et mis de côté ! Rendez-vous au chapitre 2 pour comprendre sa « météo des émotions » et au chapitre 4 pour l'aider à booster son autonomie en se sentant fier de lui !

Vous obtenez une majorité de ◀ : VOTRE ENFANT EST… PRESQUE PRÊT !

Depuis qu'il est tout petit, votre enfant semble à l'aise dans ses baskets ! Il ne redoute pas vraiment la nouveauté et sait s'adapter en toutes circonstances. Avec lui, l'ennui n'existe pas : il aime prendre les choses en main et vous montrer qu'il sait faire… comme un grand !

✳ **Est-il prêt à devenir grand frère ou grande sœur ?** Oui, mais il va devoir apprendre à partager ses parents, qui jusque-là (et c'est bien normal…) n'avaient d'yeux que pour lui !

✳ **Votre mission de parent ?** L'aider en douceur à bien intégrer le changement familial à venir pour se projeter sereinement dans son nouveau rôle. Rendez-vous au chapitre 2 pour bien cerner ses besoins en fonction de son âge et au chapitre 4 pour renforcer sa confiance en lui et son autonomie.

Un deuxième enfant à la maison, qu'est-ce que ça change ?

L'arrivée d'un deuxième enfant à la maison est un moment plein de challenges, tant sur le plan de la préparation de l'aîné que sur la gestion des nouvelles émotions de toute votre petite tribu... Si un premier enfant entraîne son lot d'ajustements au quotidien, le deuxième enfant vient bousculer une organisation désormais bien huilée. Et, pour se préparer à cette petite (et adorable) révolution, rien de tel que de faire le point sur les grands changements qui vous attendent pour être zen, absolument zen.

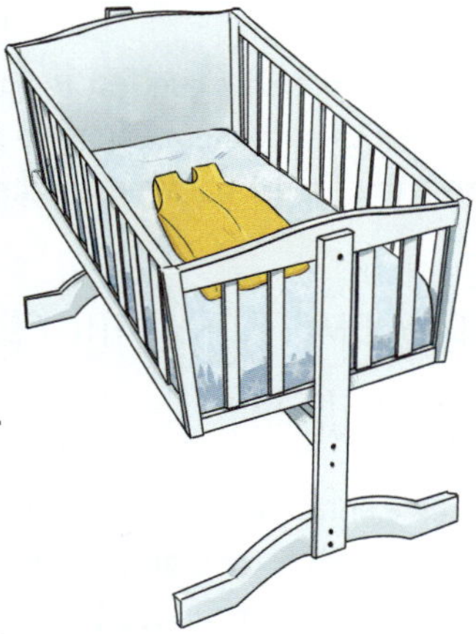

ON S'ADAPTE EN FAMILLE !

Jusqu'à présent vous formez un joli trio à la maison... Avec votre conjoint, vous vous êtes découverts sous un nouveau jour et vous avez emmagasiné un nombre incalculable de compétences. Au fil des semaines, vous êtes devenus imparables pour changer les couches à vitesse grand V (tout en retenant votre respiration), vous dégainez le bib' plus rapidement que Lucky Luke et vous avez développé une ouïe suffisamment fine pour entendre les pleurs de votre bébé alors que vous êtes plongés dans un profond sommeil. Eh oui, la parentalité a fait de vous un être nouveau, avec de nouvelles habilités que vous ne soupçonniez même pas !

DU TRIO... AU QUATUOR !

L'arrivée du petit deuxième va secouer vos certitudes durement acquises pour rebattre les cartes du jeu familial. À quatre, l'organisation n'est plus la même, certes, mais votre état d'esprit non plus. Vous allez être confronté à de nouvelles interrogations familiales : comment aimer ce nouveau petit être aussi fort que votre premier enfant et comment organiser la vie à quatre sans se laisser déborder ?

Mais ce n'est pas tout : quel est le (nouveau) rôle du papa dans cette deuxième grossesse ? S'il y a des enfants d'une première union, on s'organise comment pour faire accepter le changement à toute la petite tribu ? C'est parti pour débroussailler la grande aventure du 3 + 1 = 4 !

UN DEUXIÈME BÉBÉ QUI CHAMBOULE TOUT (OU PRESQUE !)

Un deuxième enfant à la maison représente un véritable challenge, et l'on aurait bien tort de croire que l'arrivée de ce bébé est une simple prolongation des tâches familiales... En effet, si un premier enfant ouvre les portes d'un monde nouveau – tant pour le couple de jeunes parents que pour la famille au sens large –, le deuxième enfant, lui, multiplie par deux les nouveautés, et c'est tant mieux !

CÔTÉ MAMAN, QUELS SONT VOS (NOUVEAUX) DÉFIS ?

Avant même qu'il ait pointé le bout de son nez, ce deuxième bébé vous réjouit déjà : à vous les grandes tablées familiales animées et la jolie complicité entre frères et sœurs ! Vous vous apprêtez à jouer un rôle essentiel dans la petite tribu qui s'agrandit, et la perspective d'être au cœur de ce petit monde vous rend naturellement heureuse. Pourtant, les défis d'une telle mission ne manquent pas. Voici vos (nouveaux) commandements.

Je prends du temps pour moi

Ce qui change : tandis que l'arrivée de votre premier bébé a fait de vous une superwoman, qui prend sa douche en 3 minutes chrono, dort par tranches de 15 minutes et déplie le lit parapluie en deux temps, trois mouvements, l'arrivée d'un deuxième petit bout risque bien d'intensifier le tempo !
Avec une poignée de minutes par jour seulement, vous pouvez prendre l'habitude de faire le vide dans votre tête pour apprécier des phases de respiration et être ainsi plus disponible pour accueillir prochainement une troisième personne dans votre vie.

➡ **Votre mission ?** Essayez d'avancer de 10 minutes votre réveil chaque matin pour savourer un moment de « visualisation positive ». Objectif ? Vous recentrer sur votre souffle et visualiser les projets qui vous attendent aujourd'hui avec un regard serein.

- Pour cela, asseyez-vous sur votre lit et inspirez doucement en gonflant le ventre, que vous imaginez rempli d'ondes positives et chaleureuses.
- Ensuite, expirez longuement par la bouche, comme si vous souffliez à travers une paille.
- Répétez cette respiration 3 fois de suite, puis visualisez l'ensemble des projets de votre journée de la manière la plus positive qui soit.
- Inspirez ensuite en contractant légèrement vos muscles de la mâchoire ainsi que vos poings afin que votre corps imprime en lui toutes ces bonnes ondes pour la journée qui commence… sur les chapeaux de roues !

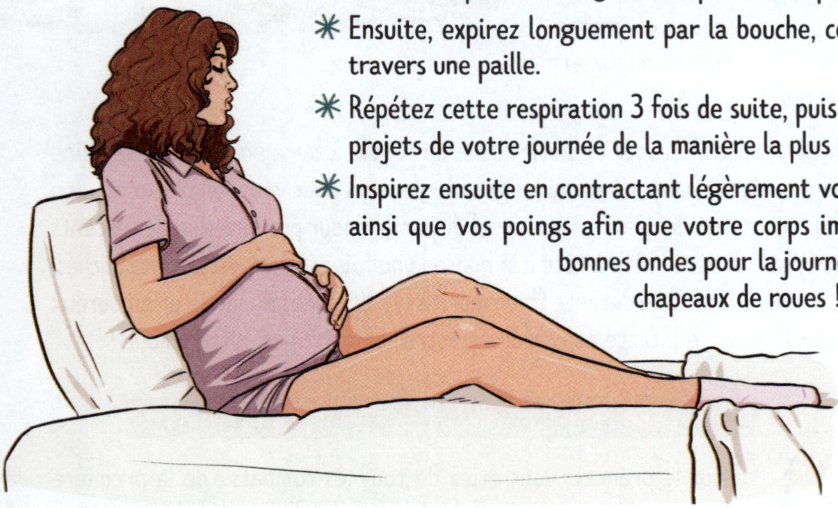

Je chouchoute l'aîné

Ce qui change : après avoir annoncé à l'aîné l'arrivée d'un petit frère ou d'une petite sœur, vous allez devoir vous armer de patience (et de bienveillance !), car votre grand aura besoin d'être rassuré régulièrement sur l'amour que vous lui portez. Eh oui, c'est l'inconnu pour lui aussi et il peut avoir peur de « perdre » l'attention de sa maman au profit du petit nouveau.

Votre mission ? Prendre chaque soir (au moment du coucher de préférence) le temps de parler avec votre aîné des émotions qu'il a vécues pendant sa journée. En lui donnant l'opportunité de se livrer régulièrement sur ce qui le traverse, il se sentira en confiance pour vous exprimer ses petites craintes et ses peurs quant à l'arrivée du bébé. Ce sont des moments d'échange de qualité qui renforceront à coup sûr votre complicité sur le long terme.

Je renforce mon couple

Ce qui change : après l'arrivée du premier enfant, votre couple a logiquement traversé des hauts, mais aussi quelques bas. C'est tout à fait normal : la fatigue des premiers mois, le stress de la nouveauté et le manque de disponibilité ralentissent considérablement la sensualité et les échanges amoureux que vous nourrissiez au quotidien avant de devenir parents. Profitez ainsi de votre deuxième grossesse pour travailler en profondeur votre complicité afin d'être encore mieux armés quand le bébé pointera son nez !

Votre mission ? Pourquoi ne pas instaurer un petit rituel de couple à faire une fois par semaine en dehors de votre maison ? Appelez la baby-sitter ou les grands-parents pour vous remplacer au pied levé avec votre aîné ! Si vous n'avez pas de réseau relationnel disponible pour prendre soin des enfants autour de vous, organisez un petit dîner en tête à tête à la maison une fois que les petits sont couchés, regardez un bon film, offrez-vous un massage détente (bien mérité !)... Les idées de sortie en amoureux ne manquent pas pour garder la flamme intacte et renforcer votre complicité et votre amour !

CÔTÉ PAPA, QUELS SONT VOS (NOUVEAUX) DÉFIS ?

Pour le premier, vous étiez de tous les combats : de la première échographie au premier biberon donné à 3 heures du matin, votre bébé pouvait compter sur vous ! En revanche, depuis l'annonce de cette nouvelle grossesse, votre enthousiasme se fait moins intense... même si votre joie d'être à nouveau papa reste intacte. Alors, quels sont les principaux défis qui vous attendent à l'arrivée de votre deuxième bébé ?

Je garde intact mon enthousiasme

Ce qui change : votre premier bébé avait clairement explosé vos records d'émerveillement ! Ses premiers gazouillis, ses premiers pas, son premier mot... Tout était nouveau, beau et incroyablement magique. Pour votre

deuxième enfant, la magie du moment se renouvelle toujours, mais vos réflexes de jeune papa averti se font un peu plus routiniers… Comment se relancer dans l'aventure avec le même enthousiasme ?

➡ **Votre mission ?** Garder en tête que ce deuxième enfant ne sera en rien comparable au premier. Les défis seront renouvelés, et les règles du jeu, réinventées. Pour conserver votre émerveillement intact, prenez l'habitude d'interroger votre conjointe sur sa grossesse : votre deuxième bout d'chou bouge-t-il beaucoup ou au contraire est-il une petite marmotte ? Quelles sont les différences avec le premier ? Apprenez au maximum à distinguer cet enfant de votre aîné pour faire pleinement connaissance avec lui… et vous émerveiller à nouveau !

Je choisis des formules 100 % bienveillantes

Ce qui change : à l'arrivée du deuxième enfant, vous êtes logiquement pris dans le flot ininterrompu du quotidien. Votre conjointe, elle, se remet doucement de cette seconde naissance… Physiquement (et mentalement aussi), cette période peut être délicate à passer pour elle. En un mot, votre chérie a, plus que jamais, besoin de votre soutien et de votre bienveillance !

➡ **Votre mission ?** User et abuser des mots tendres et rassurants !

Les 3 phrases à privilégier au quotidien…

✳ **« Tu es une maman formidable, n'en doute pas ! »** En rappelant à votre conjointe à quel point elle est une bonne maman, elle renforce sa confiance en elle et se sent prête à affronter cette nouvelle vie à quatre plus sereinement.

✳ « Prends le temps de respirer, tu en as besoin, je prends le relais ! » Avec deux enfants à charge – dont un nourrisson –, votre conjointe a bien besoin de temps pour souffler. Prenez le relais dès que vous sentez la fatigue – et l'agacement – pointer le bout de son nez, et proposez-lui de sortir un peu de la maison en solo (voir ses amis, faire une séance d'activité physique, savourer un bon livre) pendant que vous assurez avec vos enfants !

✳ « J'ai confiance en toi, nous allons y arriver ! » Les nouveaux défis de la vie à quatre peuvent parfois sembler complexes… Gardez la positive attitude et transmettez à votre moitié vos bonnes ondes : rien n'est insurmontable, vous allez y arriver, c'est certain !

Les 3 phrases à éviter...

✳ **On mange quoi ce soir ? »** Après la naissance de votre deuxième enfant, votre conjointe est prise par les soins du quotidien au nouveau-né... Participez activement à la préparation des menus en amont ! Organisez-vous pour faire les grosses courses le week-end et n'hésitez pas à cuisiner, puis à congeler, de bons petits plats pour la semaine...

✳ **« Mes parents me demandent s'ils peuvent passer voir les enfants encore une fois cette semaine ! »** N'hésitez pas à mettre un peu le holà si vous sentez que votre famille se fait un peu trop présente dans ces moments où vous et votre conjointe avez besoin de vous ressourcer... Vous êtes le plus à même de faire barrage à vos proches, avec douceur bien entendu.

✳ **« J'ai une réunion Skype avec mon boss cet après-midi, je ne serai pas disponible ! »** Lorsque vous êtes en congé paternité, faites en sorte d'être pleinement disponible pour votre bébé, mais aussi pour votre aîné, qui a besoin de vous !

Je m'implique dans l'intendance de la maison

Ce qui change : les nuits raccourcies, les rendez-vous chez le pédiatre, le rangement, le nettoyage... Depuis l'arrivée de votre premier enfant, vous n'avez plus vraiment une seconde à vous, et votre compagne non plus. Pour éviter que la balance des tâches ménagères ne soit déséquilibrée, prenez le temps de faire ensemble le point sur la juste répartition des petites (et grandes) corvées.

➡ **Votre mission ?** L'arrivée d'un deuxième bébé complique évidemment les tâches quotidiennes, on ne va pas vous le cacher. Vous pouvez cependant mettre en place la juste répartition des tâches ménagères, avec une bonne organisation bien entendu... Une seule stratégie s'impose en la matière : s'impliquer au maximum au quotidien, notamment sur les rendez-vous à prendre, l'intendance de la maison (courses, ménage, linge, paperasse...), et les projets à venir. N'attendez pas que votre conjointe vous demande de l'aide, car elle aussi peut se laisser facilement déborder... Objectif : gérer et penser le quotidien à deux, sans déséquilibre, comme une véritable équipe.

La charge mentale, c'est quoi au juste ?

Penser à racheter du dentifrice, à payer la cantine scolaire, à inscrire l'aîné à son cours de danse, à étendre le linge... Ces petites situations du quotidien sont en majorité à la charge des femmes. Selon une étude réalisée par l'INSEE en 2017, elles sont 64 % à prendre en charge les tâches domestiques et 71 %, les tâches parentales. Cette charge mentale qui consiste à prendre en main l'intendance du foyer pèse sur leurs épaules, en particulier au moment d'accueillir un enfant : le congé maternité est pris bien plus souvent que le congé paternité ! Naturellement, ces dernières continuent à gérer l'intendance une fois revenues au travail...

Ma famille, mon équipe !

Lorsque nous ne sommes pas sollicités, nous pensons souvent (à tort) que notre interlocuteur se débrouille parfaitement bien. Une simple question permet d'alléger des sentiments de frustrations pesants : « Comment puis-je t'aider ? » Ainsi, pour éviter tout malentendu, demandez régulièrement en quoi vous pourriez lui donner un coup de main, sans attendre qu'elle vous fasse signe.

➡ Alors, concrètement, on fait comment ?

✳ Et si vous preniez le temps d'avoir une discussion à cœur ouvert en mettant sur la table les sujets qui fâchent ? Par exemple, qui a la sensation de faire quoi le plus souvent au quotidien ? Quelles sont les éventuelles frustrations ? Comment améliorer la communication pour avancer ensemble comme une équipe ?

✳ À partir de ce bilan, établissez une organisation de la vie de famille de manière équitable.

✳ Une fois l'organisation trouvée, chacun s'occupe pleinement des tâches à accomplir (surtout en évitant de dire à l'autre ce qu'il a mal fait ou devrait faire...), en s'y tenant... sans en faire plus ! L'objectif ? Se faire confiance l'un l'autre et s'alléger l'esprit au maximum !

✳ Autre petite astuce pratique : veillez régulièrement à anticiper les tâches à venir (comme acheter du liquide vaisselle sur le chemin du retour à la maison, remplir la machine à laver le linge le week-end...).

CÔTÉ FAMILLE RECOMPOSÉE, QUELS SONT VOS NOUVEAUX DÉFIS ?

L'arrivée d'un deuxième enfant au sein d'une famille recomposée pose tout autant de défis, sinon plus... Cette nouvelle grossesse vient logiquement mettre un terme au fantasme (souvent inconscient) de l'aîné de voir ses parents biologiques se remettre ensemble. Eh oui, ce nouveau bébé vient souder la nouvelle famille recomposée et redistribuer les places de chacun... Que de changements ! Alors que trouve-t-on au programme de cette réorganisation familiale ? Une dose d'écoute active, une pincée de patience, le tout saupoudré de (beaucoup) de bienveillance !

À l'écoute les uns des autres

Ce qui change : les aînés d'une première union sont légitimement inquiets de l'arrivée de ce nouvel enfant, qui risque bien de leur faire de l'ombre… du moins pendant quelque temps ! Votre grand peut se sentir délaissé devant le tableau de cette nouvelle « vraie » famille qui se crée devant ses yeux. Il a besoin d'être rassuré au maximum pendant cette période, il a besoin que vous lui apportiez toute votre compréhension quand il exprime ses craintes.

➡ **Votre mission ?** Laisser le temps à votre aîné d'intégrer la nouvelle et de se faire à l'idée qu'il va céder sa place de petit dernier de la famille au nouvel arrivant…
Ne forcez pas les discussions autour du bébé à naître s'il n'a pas (encore) envie d'en parler. Il va avoir besoin de temps, et ses sentiments vont évoluer au fil de votre grossesse. Laissez-le également nommer comme il le souhaite sa petite sœur ou son petit frère : s'il préfère dire « demi », c'est comme il le sent ! Le mot d'ordre ? Se mettre à son rythme… et à son écoute.

On resserre nos liens familiaux

Ce qui change : un enfant né d'une première union a besoin de sentir que sa place dans le cœur de chacun est toujours la même, quels que soient les circonstances et les changements de la vie. Maintenant que le grand sait qu'il peut vous parler en toute confiance, votre rôle est de resserrer vos liens familiaux au quotidien pour diminuer ses petites angoisses et lui faire comprendre qu'il fait partie intégrante de votre tribu.

➡ **Votre (nouveau) commandement ?** Continuer au maximum les routines familiales que vous aviez mises en place (par exemple, le brunch du dimanche matin, l'histoire du soir avant de se coucher, le cinéma le week-end…).
En prenant le temps de renforcer ces moments de complicité au quotidien, vous faites sentir à votre enfant qu'il a – et qu'il aura – toujours sa place dans votre cœur.

L'importance des souvenirs

Régulièrement, montrez-lui l'album de photos de sa naissance et les petits objets souvenirs que vous avez collectés au fil des années, comme sa première dent de lait, son bracelet de maternité… Revenir sur ces moments forts en émotions le rassurera pleinement quant à votre amour.

Par ailleurs, quand vous avez le temps, proposez-lui des activités qui sortent de l'ordinaire, comme un parc de loisirs, une sortie en mer, une randonnée, un *escape game* spécial enfant (pour les plus grands !), ou encore des petits cours de théâtre ou d'expression corporelle... À la clé, une complicité renforcée et un sentiment d'autonomie développé.

On donne sa place à l'aîné

Ce qui change : après avoir dû accepter la présence d'un nouveau conjoint pour son parent, l'enfant né d'une première union peut ressentir à nouveau la peur de perdre sa place dans le cœur de son père ou de sa mère au profit du nouveau bébé. Ce sentiment de rivalité bien naturel peut s'exacerber s'il se sent rejeté de cette nouvelle aventure familiale qui vous attend...

➡ **Votre (nouveau) commandement ?** L'aider à voir les côtés positifs ! Tout au long de la grossesse, rappelez-lui qu'il s'apprête à avoir un rôle essentiel et valorisant : celui de grande sœur ou de grand frère ! N'hésitez pas à lui donner des petites responsabilités qui l'engagent envers ce petit être et le rassurent sur sa nouvelle place de grand. Impliquez-le, sans le forcer, dans quelques décisions qui concernent le cadre de vie du bébé, comme la décoration de sa chambre, la peluche qu'il aimerait lui offrir ou encore le choix de ses premières layettes ou la couleur de ses bavoirs...

ABÉCÉDAIRE DU MATÉRIEL ET AUTRES INDISPENSABLES POUR VOTRE BÉBÉ

Vous voilà désormais au fait des nombreux changements psychologiques qui attendent votre petite tribu à l'arrivée de votre deuxième bébé ! Mais êtes-vous bien sûr que votre *home sweet home* est prêt à accueillir cette nouvelle petite tornade ? Entre le matériel de puériculture, la voiture, la chambre, les jeux, vous pouvez choisir de tout acheter en double, ou bien faire du deux en un ! Découvrez notre abécédaire du matériel et de l'organisation indispensables pour l'arrivée de votre seconde petite merveille.

C... comme course

Avec deux enfants à la maison, c'est le branle-bas de combat pour s'organiser au moment d'aller faire les courses, et le temps devient considérablement limité pour crapahuter tous ensemble dans les allées du supermarché !

Le bon réflexe ?

✳ N'hésitez pas à vous inscrire sur des sites de livraison *on line* (la plupart des grandes surfaces proposent ce service pour éviter les moments compliqués au supermarché avec votre petite tribu...). Shopper l'esprit léger, telle est votre priorité !

✳ Si vous emmenez les enfants, faites en sorte d'occuper l'aîné et de lui offrir des petites responsabilités qui capteront pleinement son attention (*exit* les larmes de crocodile pour avoir le dernier jouet à la mode !). Par exemple, confiez-lui la liste des courses avec un crayon et demandez-lui de chercher un produit en particulier et de le mettre dans son petit chariot (de nombreux supermarchés en proposent pour les enfants) ou dans un grand sac que vous lui aurez spécialement attribué.

BON À SAVOIR

Pensez toujours à faire les courses alimentaires quand le ventre de vos enfants est plein (le vôtre aussi, d'ailleurs), cela vous évitera de faire la razzia au rayon bonbons et sucreries... En plus, votre porte-monnaie vous dira merci !

L... comme lit !

Si vous habitez dans un petit appartement, vous aurez beau essayer de pousser les murs pour faire de la place au nouvel arrivant, rien n'y fera ! Il va donc falloir vous organiser en conséquence pour créer un joli nid à votre bébé tout en ne rognant pas sur l'espace vital de votre aîné.

Le bon réflexe ?

✳ Les six premiers mois, votre bébé peut parfaitement dormir dans votre chambre pour apprendre à faire ses nuits en douceur. Veillez à lui préparer un petit coin rien que pour lui, avec son lit, ses doudous et sa veilleuse, voire une jolie frise de papier peint qui délimitera son espace dans votre chambre.

✳ Par la suite, il peut intégrer la chambre de son aîné, dans un espace adapté pour lui aussi ! Attention tout de même à bien en discuter en amont avec le grand pour penser l'aménagement de son « territoire ». Quels compromis se sent-il prêt à faire ? Posez-lui des questions ouvertes pour qu'il sente que son avis compte et pour qu'il accueille le nouveau petit venu avec bienveillance...

4 coups de pouce pour (bien) intégrer votre dernier dans la chambre du grand

Pas toujours facile de faire accepter à votre aîné le partage de son espace avec le petit dernier... Pour l'aider à aborder ce changement en douceur et lui permettre de conserver ses repères, voici quatre suggestions...

1. **Prévenez votre aîné quelques semaines – ou quelques mois – avant l'arrivée de son cadet** dans sa chambre pour qu'il puisse s'habituer en douceur à l'idée du changement. Rassurez-le en lui expliquant qu'il conservera son espace et ses jouets, et que bientôt tout sera encore plus sympa à deux !
2. **Avant l'arrivée du cadet dans sa chambre, préparez ensemble l'aménagement de la pièce** en lui demandant son avis sur cette nouvelle configuration : quels sont les espaces qu'il souhaite conserver et ceux qu'il se sent prêt à partager ? Ensuite, trouvez un compromis satisfaisant pour tout le monde. L'objectif ? Lui faire sentir que son opinion est importante !
3. **Personnalisez ensuite son espace de « grand » :** proposez-lui de décorer les contours de son lit comme il le souhaite (avec des stickers, des photos...), une frise aux couleurs ou aux dessins qu'il aime, un espace de jeux rien qu'à lui, une petite bibliothèque personnalisée... Faites-lui sentir que, bien que plus restreint, son espace reste toujours le sien et qu'il est important qu'il s'y sente à son aise. Faites également de même pour votre cadet. Le but : respecter les différences de chacun !
4. **Si vos enfants dorment à des rythmes décalés**, proposez à votre grand de venir lire sa comptine du soir dans votre chambre. Rappelez-lui régulièrement qu'il a des privilèges liés à son âge et qu'il peut désormais en profiter ! Cela le valorisera et le rendra fier...

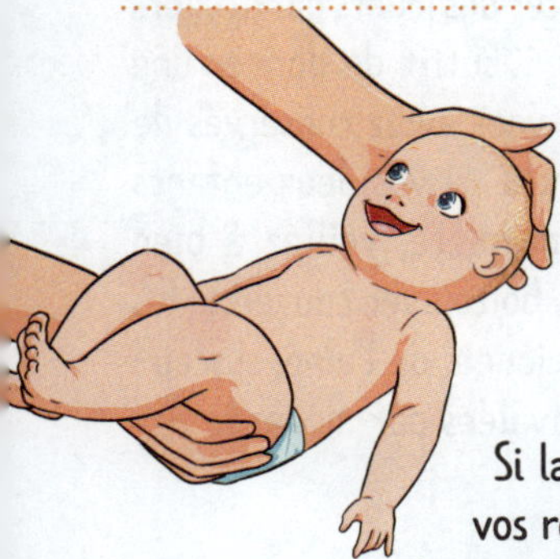

N... comme nounou

Pour votre aîné, vous aviez fait appel à une bonne fée (une nounou ou une assistante maternelle...) pour garder votre enfant pendant vos journées de travail. Comment s'organiser lorsqu'on a deux enfants à la maison ?

Le bon réflexe ?

Si la bonne fée est disponible et que vos relations se sont bien passées pour le premier enfant, renouvelez l'expérience ensemble pour votre deuxième bébé ! Pour le contrat de travail avec une assistante maternelle, faites-en un par enfant ainsi qu'une annexe « fratrie » récapitulant le nom de tous les enfants gardés et les éléments d'horaires et de rémunération pour chaque contrat. Attention, ces contrats ne sont pas indépendants les uns des autres, ils seront considérés comme des avenants au premier contrat signé !

Et côté sous ?

Vous pouvez bénéficier d'aides financières de la PAJE (complément de libre choix du mode de garde) et du crédit d'impôts pour chaque enfant de moins de 6 ans (seul le montant est lié à l'âge en ce qui concerne le complément de libre choix du mode de garde).

P... comme puériculture

À l'arrivée d'un deuxième enfant, grande est la tentation de réutiliser le matériel de l'aîné, comme le siège auto, la chaise haute, la poussette... Attention tout de même à bien vérifier la sécurité de ces objets en amont, quelques mois ou quelques semaines avant l'arrivée du deuxième enfant afin d'être bien préparé.

Le bon réflexe ?

* **La poussette :** si vous avez l'habitude de faire de longs trajets, vous pouvez vous procurer facilement un dispositif qui ressemble à une sorte de marche pied à fixer à l'arrière de la poussette pour permettre au plus grand de se reposer. Un deux-en-un très pratique !
* **Le porte-bébé :** certaines écharpes de portage se détendent à l'usage. À vous de vérifier si celle que vous avez utilisée pour bébé n° 1 est encore suffisamment ferme pour bien maintenir n° 2. Les porte-bébés à bretelles se passent sans problème d'un bébé à l'autre, ou même s'achètent d'occasion.

* **Les jouets :** inutile d'acheter des jouets particuliers pour votre petit dernier, il suffit de donner une seconde vie à ceux que vous aviez conservés de votre aîné ! En revanche, si vos deux enfants jouent dans la même pièce, veillez à bien conserver dans une boîte avec couvercle les petites pièces des jouets de l'aîné, susceptibles d'être avalées par mégarde par le bébé.

V... comme voiture

Lorsque vous étiez en trio, les déplacements étaient plutôt simples. Toutes les affaires étaient posées sur le siège arrière, à côté de la nacelle auto de votre enfant, et peu importait la taille de votre voiture. En bref, vous n'aviez pas (encore) besoin d'investir dans le kit complet de la famille qui voyage en monospace... Mais tout ça, c'était avant l'arrivée de votre deuxième !

Le bon réflexe ?

✳ Si vos finances vous permettent de changer de modèle de voiture pour un plus grand, c'est le moment idéal ! Veillez à ce que la taille du coffre soit suffisamment importante (comptez de 400 à 500 litres pour les petits monospaces ou la version break des compactes).

✳ Exit les modèles à trois portes avec deux enfants en bas âge, car il serait bien difficile d'installer ou d'enlever les sièges de vos enfants... Privilégiez les cinq-portes, qui s'ouvrent amplement à l'arrière (voire qui coulissent !). Le must ? Certaines voitures s'ouvrent grâce à une télécommande à distance, l'idéal lorsque vous portez le bébé !

✳ N'enlevez la ceinture de sécurité du grand que lorsque vous aurez sorti et mis en sécurité le petit dernier. Ainsi, vous ne courrez pas le risque que le grand se mette à crapahuter partout le temps que vous détachiez le bébé.

Chapitre 2

L'annonce de la grossesse à votre aîné

Les trois premiers mois de cette seconde grossesse sont derrière vous et vous vous sentez enfin prêts à annoncer la grande nouvelle à votre aîné ! Quel que soit son âge, c'est le moment idéal pour lui dire, car les formes de la jeune maman commencent à s'arrondir : votre premier pourrait commencer à se douter de la nouvelle si vous tardez à lui en faire l'annonce… Mais alors, comment se lancer dans le grand bain ? Comment lui dire en fonction de son âge et gérer au mieux ses réactions ? On vous dit tout !

3 RAISONS D'ATTENDRE UN PEU AVANT DE L'ANNONCER À VOTRE AÎNÉ

1. ÊTRE SÛRE DE SA GROSSESSE

Comme avec les proches, il est de coutume d'attendre les trois premiers mois de la grossesse – c'est-à-dire jusqu'à la première échographie – pour annoncer la jolie nouvelle de l'arrivée d'un bébé ! Cette prudence est particulièrement valable pour votre aîné… En effet, les trois premiers mois de la grossesse étant assez « sensibles » en termes de risques, il est préférable de ne pas faire de fausse joie à votre enfant en lui annonçant une bonne nouvelle et de faire machine arrière quelque temps plus tard.

2. PRÉPARER L'ARRIVÉE DU NOUVEAU BÉBÉ

Durant ces trois premiers mois, vous avez le temps de vous projeter à deux et rien qu'à deux dans cette nouvelle parentalité. C'est un espace nécessaire pour réfléchir en couple aux habitudes qui vous semblent importantes de conserver à l'arrivée de ce deuxième enfant, mais aussi de faire le bilan sur les petits et grands points à faire évoluer pour une meilleure communication entre vous.

3. FAIRE UNE PREMIÈRE ÉCHOGRAPHIE

Elle donne lieu à des clichés incroyables que vous pourrez montrer à votre aîné afin qu'il puisse à son tour se projeter en douceur dans cette nouvelle configuration familiale. Idéalement, pas avant ses 5-6 ans au minimum – et selon sa sensibilité –, pour éviter de l'angoisser avec des images assez floues qu'il ne comprend pas encore.

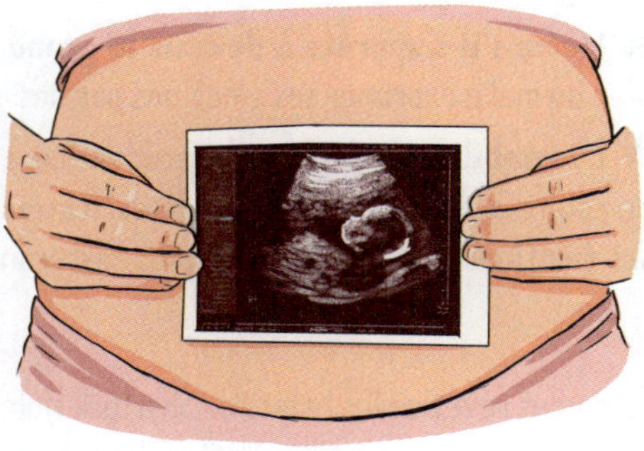

Les enfants ont une intuition bien plus développée que celle des adultes !

Si vous avez le sentiment que votre aîné se pose (ou bien s'il vous pose) des questions sur vos nouvelles rondeurs ou votre comportement depuis quelque temps, si son attitude change depuis le début de votre grossesse (réveils nocturnes plus fréquents, fatigue inhabituelle, petites colères...), n'attendez pas pour lui faire l'annonce : il le sent ! Si vous n'en faites rien, votre silence pourrait l'inquiéter inutilement.

À CHAQUE ÂGE, UNE ANNONCE ADAPTÉE

Pour être certain de faire passer le bon message à votre grand, il est important de prendre son âge en considération. En effet, les réactions d'un enfant âgé de moins de 2 ans ne seront pas les mêmes que celles d'un enfant de plus de 3 ans, elles-mêmes différentes de celles d'un enfant de 5 ans... Chacun a son rythme et sa compréhension propre, qui évoluent avec l'âge : ainsi, un enfant de 2 ans a besoin d'images, de mots simples, de sécurité, tandis qu'un plus grand saura interpréter avec plus de clarté les tenants et les aboutissants de cette grande nouvelle.

Pour éviter aux peurs et autres malentendus de s'installer, adaptez votre annonce à l'âge de votre aîné pour l'accompagner au mieux dans l'aventure de la fratrie…

MON AÎNÉ A MOINS DE 2 ANS : IL A BESOIN DE SÉCURITÉ

✳ **Bien qu'il soit de plus en plus curieux et autonome, votre enfant de 2 ans ressent toujours le besoin d'être protégé.** Soyez aussi disponible que possible pour le rassurer au moment de l'annonce, mais aussi les jours qui suivent…

✳ **Même s'il s'apprête à devenir le grand de la fratrie, votre aîné est encore un p'tit bout** qui a bien du mal à exprimer ses émotions par des mots… Utilisez au maximum des termes simples et imagés !

✳ **L'instabilité émotionnelle prédomine à cette période de la vie :** votre enfant passe de phases de colère à des phases de grande excitation. À vous de l'accompagner en douceur dans la gestion de ses émotions, tout en étant le plus rassurant possible !

Je décrypte ses émotions

Et si vous revêtiez les habits de Sherlock Holmes pour devenir un pro des émotions ? Apprenez à écouter ses paroles, et surtout la manière dont il s'exprime via ses gestes, ses mimiques ou encore son regard… En somme, relevez tous les petits indices qu'il sème lorsqu'il est en proie à une émotion positive ou bien négative. Cette investigation vous donnera de précieuses informations sur son comportement et vous permettra de mieux le décoder pour amorcer en douceur la grande nouvelle qui l'attend. Élémentaire, n'est-ce pas ?

En pratique ?

Perte du doudou, larmes de crocodile au moment du coucher, excitation à la perspective de passer un moment avec papi ou mamie, ou encore peur devant un chien dans la rue : toutes les situations sont bonnes pour observer et noter les réactions de votre enfant afin de mieux de le connaître.

Observez et notez tout !

Régulièrement, prenez le temps de noter ses réactions dans ce tableau pour vous familiariser avec sa manière de réagir aux différents événements de la vie.

Son attitude...	... quand il a peur.	... quand il est heureux.	... quand il est triste.	... quand il est en colère.
Ses réactions physiques, corporelles				
Ses gestes				
Ses paroles (les mots qu'il emploie)				
Ses expressions				

Le saviez-vous ?

Le cerveau d'un tout-petit est très malléable ; on dit même parfois qu'il ressemble à une éponge ! Votre enfant imprime ainsi rapidement vos paroles, vos émotions et vos actes, des références pour se construire. Il agit par mimétisme, et cela influencera considérablement sa manière d'être dans le futur. Ainsi, lorsque vous êtes en colère et que vous dites des gros mots ou bien faites des gestes brusques, votre enfant prendra modèle sur votre manière de gérer cette émotion forte... Soyez donc vigilant sur les messages et les attitudes que vous souhaitez lui transmettre.

Je l'aide à identifier ses émotions

À 2 ans, votre enfant n'a pas encore les mots pour exprimer ses différentes émotions. Son manque de vocabulaire le frustre et entraîne logiquement des crises de colère. L'aider à bien identifier ce qu'il traverse lui permettra d'être à l'aise dans l'expression de ses sentiments et il se sentira en confiance pour se livrer à vous.

En pratique ?

* Avec votre enfant, réalisez sur une grande feuille cartonnée que vous accrocherez dans sa chambre, une roue que vous pouvez baptiser « ma roue du cœur ». Tracez un large cercle sur le papier et divisez l'intérieur en quatre parties. Dans chacune, dessinez avec lui le smiley d'une émotion (colère, joie, tristesse, peur) et, en dessous, dessinez la ou les solutions qu'il peut mettre en place quand il traverse cette émotion. Par exemple : un dessin de sa peluche préférée pour lui faire un gros câlin, un coussin dans lequel taper pour décharger ses émotions, danser partout dans sa chambre quand il est heureux, regarder son livre préféré pour se détendre, parler à papa et maman lorsqu'il a peur... L'objectif ? L'amener à identifier ses émotions et à comprendre qu'il peut (aussi) compter sur lui pour retrouver son calme !

✳ Régulièrement, lorsque vous lui lisez une comptine, encouragez-le à vous décrire les sentiments des personnages. « Sais-tu pourquoi il est triste ? », « Comment ce personnage agit lorsqu'il est en colère ? », « Et toi, que ferais-tu à sa place ? »... Cette observation des sentiments des autres lui donnera les clés pour communiquer ses émotions avec plus de facilité.

À quel moment je lui annonce l'arrivée du nouveau bébé ?

Routines, câlins, écoute, patience... : les enfants en bas âge ont besoin d'être accueillis dans leur rythme pour bien se développer et se sentir en sécurité. Naturellement, l'arrivée prochaine d'un petit frère ou d'une petite sœur risque de perturber, du moins pour quelque temps, ce cadre rassurant... Votre objectif ? Choisir un moment où vous êtes tous disponibles et détendus pour annoncer calmement la nouvelle.

L'attitude à privilégier

✓ Si possible, attendez que le ventre de la future maman soit déjà bien rond pour lui faire l'annonce, car cela lui permettra de constater le changement. Vous pouvez également lui proposer de toucher votre ventre (notamment si vous le sentez curieux et réceptif) pour qu'il puisse éventuellement sentir le bébé gigoter à l'intérieur !

✓ Annoncez-lui dans un moment de calme (oubliez l'annonce au moment du repas, d'un jeu ou avant le sommeil) et quand son humeur est relativement stable et positive. L'idéal ? Le week-end, lorsque toute votre petite tribu est détendue et que vous avez du temps et de la disponibilité d'esprit pour accueillir au mieux ses émotions.

Ce qu'il faut éviter

✕ Lui faire l'annonce au beau milieu d'une période de changement ou de transition difficile à vivre, comme un déménagement, le départ de sa nounou, le décès d'un grand-parent... Ses repères seront trop bousculés pour qu'il puisse accueillir sereinement la nouvelle d'un petit arrivant dans la famille !

Parents, faites-vous confiance !

S'il existe des moments plus propices que d'autres pour annoncer la nouvelle à votre aîné, vous êtes évidemment le plus à même de connaître le moment idéal pour lui dire. Rassurez-vous, vous êtes le meilleur expert en la matière, et l'instant choisi sera le bon ! L'important est de rester à l'écoute des émotions de votre enfant et de lui offrir un espace d'expression libre selon ses besoins.

✕ L'annoncer lors d'une réunion de famille, car ce n'est pas non plus un moment idéal. Les réactions naturelles de joie des uns et des autres seront incompréhensibles pour votre enfant, qui n'aura pas eu le temps de se familiariser avec l'idée. Il risquerait de se sentir « bloqué » dans les émotions des autres, qui ne lui appartiennent pas...

Comment je lui annonce ?

Devenir grand frère ou grande sœur alors que l'on est soi-même un enfant peut être compliqué à intégrer. En effet, à cet âge-là, la perception du temps est relative, et se projeter dans le futur est difficile, surtout si vous parlez en termes de mois avant que votre aîné puisse apercevoir la bouille de sa petite sœur ou de son petit frère ! Un enfant de 2 ans a besoin que les choses soient « visibles » pour les comprendre.

L'attitude à privilégier

✓ **Dites-lui avec des mots clairs et simples,** chez vous si possible ! Installez-vous dans un espace confortable et annoncez-lui le plus simplement du monde. Par exemple : « Maman et papa ont fait un bébé et tu vas bientôt avoir une petite sœur (un petit frère). » Pour imager un peu les choses, vous pouvez lui dire que le bébé à venir ressemble à une petite graine qui pousse lentement pour devenir son petit frère ou sa petite sœur dans quelque temps.

✓ **Pour lui donner un repère de temps, montrez-lui une frise des moments clés de sa vie,** comme sa naissance, sa date d'anniversaire, son premier dessin... Cette frise, vous aurez pris soin de la réaliser au préalable ou de la faire avec lui. Situez le moment présent avec une photo de lui (« Toi, tu es là ! »), puis désignez l'endroit attendu pour l'arrivée du bébé, afin qu'il y voie plus clair. Laissez cette frise dans sa chambre, par exemple, il pourra ainsi s'y référer pour intégrer la nouvelle en douceur.

Ce qu'il faut éviter

✕ **Lui dire que « vous lui avez fait » un petit frère ou une petite sœur,** car il ne s'agit pas d'un cadeau. Cette formulation rendrait la nouvelle quelque peu confuse dans son esprit...

✕ **Attendre de votre enfant une réaction de joie instantanée :** un petit de 2 ans n'a pas toutes les clés en main pour comprendre le changement qui l'attend. S'il ne montre pas d'émotion particulière au moment de l'annonce, ne soyez pas triste... Vous aurez l'occasion d'en reparler, à son rythme, un peu plus tard.

Si la grossesse s'interrompt, comment lui dire ?

Vous avez fait l'annonce à votre enfant et, malheureusement, la grossesse n'évolue pas ? Prenez tout d'abord le temps de digérer vos émotions dans cette période délicate et laissez-vous traverser par les sentiments qui vous animent...

➡ Ne culpabilisez pas de l'avoir dit à votre enfant. Si vous êtes en « paix » avec ce deuil, il en ira de même pour lui.

➡ Dans le cas où votre enfant ressentirait vos émotions et vous questionnerait sur le bébé à naître, dites-lui simplement qu'il ne grandira finalement pas dans votre ventre mais que vous aimeriez un jour accueillir un nouveau bébé – ou une petite graine – dedans.

➡ Si possible, évitez d'utiliser le mot « partir », beaucoup trop utilisé au quotidien pour des choses courantes (« Maman est partie faire les courses... »), pour éviter d'angoisser votre petit. Ne rentrez pas dans les détails et ne donnez pas trop d'informations sur l'événement, mais laissez-lui la possibilité de vous questionner s'il le souhaite. Veillez dans ce cas à adapter votre vocabulaire à son âge et à sa sensibilité.

➡ Sentez-vous libre de confirmer son ressenti en lui disant par exemple : « Tu as raison, en ce moment j'ai du chagrin. Ce n'est pas de ta faute, tu n'y es pour rien. » Laissez-vous porter par cet échange, qui sera certainement bénéfique pour les émotions de toute votre petite famille...

➡ Enfin, si vous n'êtes pas à l'aise à l'idée de lui annoncer la fin prématurée de la grossesse, appuyez-vous sur des livres ou des comptines, qui abordent cette thématique avec beaucoup de finesse... N'hésitez pas à demander conseil à votre libraire.

Inspirez-vous !

« Pour l'annoncer à notre fils, nous lui avons montré une petite graine dans un pot de fleurs en lui expliquant qu'elle allait pousser en même temps que le bébé dans le ventre de sa maman. Si on a rapidement compris qu'il ne s'intéressait pas vraiment au bébé dans le ventre, il a été très attentionné envers sa fleur, qu'il a arrosée consciencieusement ! J'imagine que c'était une manière détournée d'intégrer la nouvelle... »
Sébastien, papa de Noé, 2 ans

« Avant même de savoir que j'étais enceinte, Violette s'est approchée de mon ventre pour me dire qu'il y avait un bébé dedans. J'étais scotchée quand le test de grossesse s'est révélé positif quelque jour plus tard ! »
Sonia, maman de Violette, 2 ans et demi

« Le plus simple pour nous a été de lui annoncer avec son personnage de livre préféré, T'choupi ! Nous avons donc acheté *T'choupi : maman attend un bébé*. Après la lecture, nous lui avons annoncé que maman attendait elle aussi un bébé. Elle a souri tout de suite, ça nous a rassurés ! »
Christophe, papa de Ninon, 2 ans

Comment je gère sa réaction ?

✳ Help… Il ne réagit pas !

Pas de panique, c'est tout à fait normal ! À son (jeune) âge, votre enfant n'est pas encore en mesure de comprendre ce qu'implique cette grossesse ; surtout, cette annonce est trop éloignée de ses préoccupations du quotidien… Il risque fort de passer à côté !

➔ Comment je l'accompagne ?

Régulièrement, ouvrez ensemble des livres qui relatent les histoires de vie de ses animaux préférés. Choisissez des contes qui parlent d'un animal qui attend un bébé et/ou de fratrie, de jeux et de moments heureux entre frères et sœurs. Surtout, laissez-lui le temps d'intégrer ces images à son rythme sans revenir sur votre situation. En lui proposant ce type de lecture de manière régulière, votre enfant intégrera la nouvelle en douceur…

✳ Help… Il se met souvent en colère !

Encore une fois, pas de panique, votre enfant a le sentiment légitime de perdre un peu de votre attention (il est vrai que vous êtes bien occupé, avec les préparatifs de la future naissance…) et il fait tout pour capter vos regards et votre temps : petites colères, grosses crises de larmes, gestes violents…

➔ Comment je l'accompagne ?

Quand il s'énerve, ne reliez pas systématiquement ses émotions à l'arrivée du bébé. Dites-lui par exemple : « Tu as le droit d'être en colère, et je t'aime toujours. » Ainsi, votre aîné aura le sentiment d'être aimé dans tout ce qu'il est, mais aussi dans les émotions qu'il sera amené à traverser. Instaurez chaque soir un petit moment où vous prenez le temps de parler de ses sentiments pendant la journée : il prendra l'habitude de se confier à vous et ne se sentira pas jugé dans ses émotions.

✳ Help… Il est surexcité !

Pris dans l'excitation ambiante liée à l'arrivée de ce nouveau bébé – les grands-parents qui lui en parlent régulièrement, les amis de la famille qui s'extasient devant le bidon tout rond de la maman… –, votre enfant est perméable à ces nouvelles émotions et il passe de grosses crises de fou rire à des pleurs à gogo…

➔ Comment je l'accompagne ?

Favorisez au maximum les temps calmes à la maison. Votre petit doit pouvoir gérer ses propres émotions avant de « faire face » à celles des autres. Pour l'aider à se recentrer, instaurez des petits massages chaque soir avant qu'il aille au lit. Versez un peu d'huile d'amande douce bio au creux de sa main et proposez-lui de se masser les pieds, puis, le lendemain, de se masser les jambes… Objectif ? Qu'il s'attarde sur une nouvelle zone de son corps chaque soir pour se détendre pleinement et se sentir choyé durant ce moment de douceur.

MON ENFANT A ENTRE 3 ET 4 ANS : IL A BESOIN D'ÉCHANGER

✳ **À partir de 3 ans, votre enfant entre dans une période de questionnement intense.** « Pourquoi ? » est le mot que vous entendrez le plus fréquemment à la maison ! Ne soyez donc pas étonné d'être soumis à un interrogatoire en règle quand vous lui annoncerez la grande nouvelle...

✳ **Le vocabulaire de votre enfant s'enrichit considérablement !** Ses émotions se traduisent désormais par des mots plus complexes et il sait vous transmettre ses sentiments plus clairement. C'est une bonne nouvelle pour pouvoir l'accompagner pas à pas dans l'aventure qui vous attend prochainement !

✳ **Désormais, votre enfant se décentre un peu de lui-même** et se frotte au monde extérieur. Il acquiert des compétences sociales, le respect des règles (même si ce n'est pas toujours évident...), et il éprouve ses premiers sentiments de « liberté ».

Je suscite son empathie

À partir de 3 ans, votre enfant s'ouvre en douceur au monde qui l'entoure et développe son écoute pour mieux interagir avec les autres, et plus particulièrement avec les siens. Cette nouvelle ouverture lui permet de se sentir connecté à sa famille et le relie à ses propres émotions. L'annonce de l'arrivée d'une petite sœur ou d'un petit frère est donc l'occasion idéale pour renforcer son empathie !

En pratique

✳ Faites-lui part des émotions qui vous traversent au quotidien pour qu'il s'appuie sur votre manière de réagir et qu'il puisse développer son empathie et son écoute. Par exemple, lorsque vous êtes heureux, n'hésitez pas à le dire et à le montrer, grands gestes de joie à l'appui si vous en avez envie. À l'inverse, si vous êtes en colère, dites-le-lui et montrez-lui comment vous gérez cette situation, par exemple en vous écartant pour souffler un peu ou bien en exprimant vos sentiments : « Je suis énervée et j'ai besoin de me détendre et de retrouver mon calme... », « Je suis en colère de n'avoir pas pu... », etc.

✳ Quand vous le pouvez, invitez-le à consoler un copain qui a de la peine ou un enfant plus petit que lui... En constatant à quel point ce geste est apprécié par les autres, il sera fier et se sentira valorisé dans son attitude.

Je lui donne les clés pour se calmer

Quand votre petit est en proie à une émotion forte, il est important qu'il ait déjà quelques outils en main pour se calmer lui-même avant que vous n'interveniez. Attention, votre présence bienveillante est primordiale pour qu'il puisse trouver les ressources en lui : restez donc à proximité et n'hésitez pas à intervenir au besoin. Quoi qu'il en soit, en développant sa capacité à accueillir ses émotions et à mobiliser des petites astuces pour se détendre, votre enfant a tout bon !

En pratique

* Et si vous imaginiez ensemble un coin tout doux dans lequel votre enfant pourra venir se calmer en cas de tempête émotionnelle ? Dans sa chambre, créez un petit espace de retour au calme, avec un coussin moelleux, une couverture toute douce ou bien un plaid douillet sous lequel se cacher, des crayons de couleur et des feutres pour dessiner ce qu'il souhaite, une peluche à qui se confier et, pourquoi pas, une playlist de musique agréable (celle émise par la veilleuse, par exemple) pour l'apaiser...

Et pourquoi pas un tipi ?

Si vous n'avez pas suffisamment d'espace dans la chambre de votre enfant pour lui créer ce petit coin de retour au calme, dessinez sur le mur un petit tipi (ou collez un sticker de tipi) contre lequel il pourra se réfugier et se sentir bien.

* Quand votre enfant traverse une émotion forte et qu'il est très énervé, proposez-lui d'abord de se libérer de ses petites tensions internes en se défoulant ! S'il aime la musique, suggérez-lui de mettre sa chanson préférée et de danser dans tous les sens dans le salon ! Si vous avez accès à un extérieur (jardin ou parc à proximité), proposez-lui un petit jeu physique avec un ballon. Objectif : qu'il se décharge de ses émotions.
* Une fois l'enfant apaisé, demandez-lui de se glisser dans une bulle imaginaire en fermant les yeux. Dites-lui de prendre plusieurs grandes inspirations en gonflant bien son ventre, puis de mettre dans sa bulle toutes les choses qui l'apaisent : le jardin de chez mamie, le chat du voisin, le sourire de sa maman... Effet zen garanti !

À quel moment je lui annonce ?

À partir de 3 ans, votre enfant commence à se sociabiliser – notamment lors de son entrée à l'école maternelle – et il prend peu à peu conscience qu'il n'est plus seul au monde. L'annonce de l'arrivée d'un deuxième enfant dans la famille va participer à ce mouvement d'ouverture et d'acceptation de son prochain changement de place. Eh oui, votre petit devient un grand !

L'attitude à privilégier

✓ **Annoncez-le à votre enfant lorsque vous sentez qu'il est pleinement réceptif,** par exemple lors d'un goûter gourmand, d'un moment complice ou d'un week-end détendu en famille... Un cadre neutre et bienveillant est idéal pour annoncer un tel changement à votre aîné.

✓ **Prenez le temps !** Un enfant de 3 ans (et plus) est très curieux et aura généralement tendance à vous poser de nombreuses questions à propos de cette grande nouvelle, c'est pourquoi il est préférable d'avoir du temps devant soi pour répondre à ses petites interrogations... parfois surprenantes !

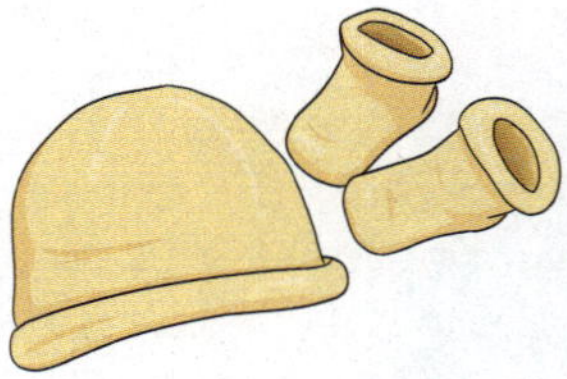

Ce qu'il faut éviter

✕ **Les annonces faites dans un espace public** (parc, sorties en tous genres...), où votre enfant n'aura pas ses repères et ne se sentira pas forcément à l'aise et/ou disponible pour parler de ses émotions.

✕ **Lui annoncer avant l'heure du coucher.** Pour bien intégrer la nouvelle, mais aussi pour éviter les petites peurs et autres angoisses nocturnes, il est préférable de lui annoncer dans un moment de pleine disponibilité pour répondre à ses éventuelles interrogations, et pouvoir l'apaiser au besoin.

Comment je lui annonce ?

La manière d'annoncer la nouvelle à un enfant de 3 ans (et plus) est primordiale pour qu'il intègre bien la nouvelle et se sente pleinement rassuré, mais aussi valorisé dans son nouveau rôle de grand de la famille.

L'attitude à privilégier

✓ **Appuyez-vous sur des exemples que votre enfant connaît** et qui sont positifs. Par exemple, son cousin, un copain de l'école, le petit voisin... Ils ont eux aussi accueilli un petit frère ou une petite sœur, et cela se passe parfaitement bien !

✓ **Pour lui donner un repère de temps à propos de la naissance,** parlez-lui de ce qu'il connaît, comme « le bébé arrivera avant les vacances » ou « le bébé arrivera juste après le passage du père Noël ». Cela l'aidera à se projeter dans le temps plus facilement. Dans le même ordre d'idées, proposez-lui un calendrier imagé avec des repères liés aux saisons.

Ce qu'il faut éviter

✕ **Trop en faire !** Trouver une idée originale pour l'annoncer est une bonne idée et votre enfant appréciera sans doute beaucoup votre geste, surtout s'il est joueur ! En revanche, une annonce un peu trop enjouée ne laisserait pas beaucoup de place à ses sentiments, qui sont parfois plus mitigés.

✕ **Lui montrer l'échographie** : un enfant de 3-4 ans n'est pas vraiment en mesure de comprendre ce type d'images. Cela pourrait rendre l'annonce un peu plus floue, voire devenir angoissant pour certains enfants.

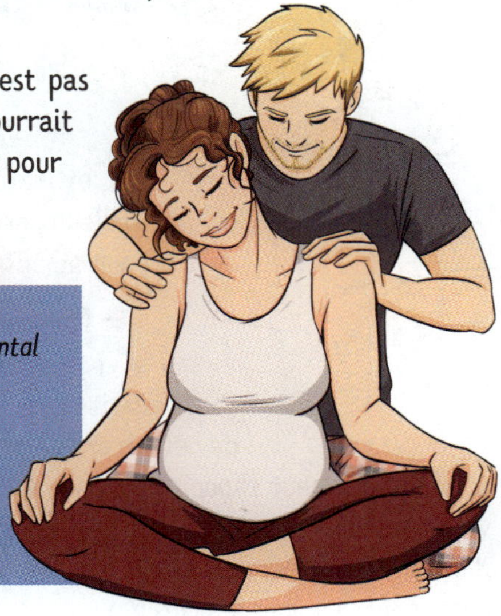

Préservez votre intimité de couple

À la base de votre petite tribu, il y a votre couple. Il est fondamental de garder des moments complices à deux, et rien qu'à deux. Sentez-vous libres de garder certaines informations privées à propos de votre grossesse et ne partagez pas tout avec votre enfant. L'intimité de votre couple est primordiale pour le bon équilibre de la famille.

Inspirez-vous !

« Pour l'annoncer à Lili-Rose, nous avons choisi de faire un super-goûter à la maison avec tout ce qu'elle aime… On voulait être au calme et rendre le moment un peu festif. Elle a vraiment bien réagi ; elle a même mis un muffin de côté pour son p'tit frère ! »
Mélanie, maman de Lili-Rose, 3 ans et demi

« Quand j'ai annoncé la nouvelle de l'arrivée d'une petite sœur à ma fille, elle s'est mise à pleurer en me disant qu'elle préférait un petit frère. Je l'ai tout de suite rassurée en lui disant qu'elle avait parfaitement le droit d'être déçue. Le lendemain, j'ai proposé un goûter avec sa meilleure copine, Lina, et sa petite sœur, et les trois filles ont passé un super-moment de complicité ! »
Aurélie, maman de Louise, 4 ans

« L'annonce s'est faite très simplement, sans calcul : alors que nous étions dans la piscine de notre jardin, nous lui avons dit qu'il allait être grand frère après les fêtes de Noël. Et il a tout de suite demandé si c'était son cadeau… On a beaucoup rigolé ! »
Damien, papa de Gabin, 4 ans et demi

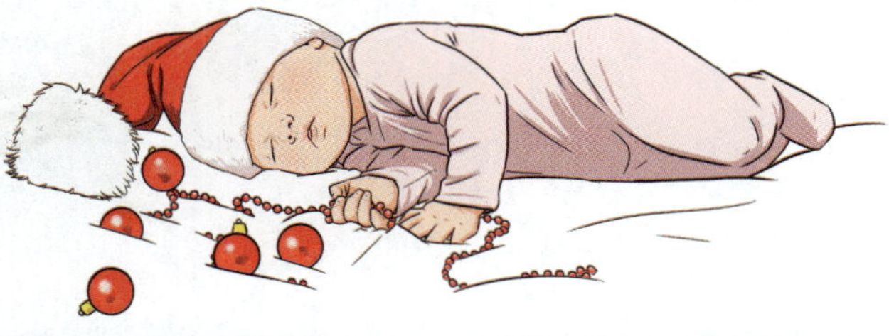

Comment je gère sa réaction ?

Après avoir annoncé à votre petit de 3 ou 4 ans qu'il allait être grand frère ou grande sœur, il se peut que vous soyez confronté à l'une de ces trois réactions typiques, susceptibles de vous désarçonner… Comment bien l'accompagner ?

✳ Help… Il est nerveux !

Votre petite boule de nerfs a bien du mal à cacher son excitation ! Ce type de nouvelles provoque une décharge émotionnelle importante, et votre enfant n'a pas encore toutes les clés en main pour canaliser sa nervosité…

➡ Comment je l'accompagne ?

Si vous sentez que la nervosité de votre enfant se transforme en actes d'agressivité (par exemple, il vous tape le ventre en disant qu'il ne veut pas de petit frère…), proposez-lui un coussin spécial anti-colère, dans lequel il peut crier ou qu'il peut taper comme bon lui semble. Rappelez-lui clairement, fermement, que même si vous comprenez son sentiment de colère il n'a pas le droit de vous taper et de faire du mal au bébé. N'oubliez pas : c'est en lui rappelant les règles que vous lui fixez un cadre rassurant, et cela lui prouve également que vous le protégez.

DIY balle antistress

Pour les petits nerveux, rien de tel qu'une balle anti-stress à tripoter pour se calmer, et quoi de mieux que de la fabriquer ensemble à la maison ? Lancez-vous dans la création de sa balle antistress !

Le matériel

- ✳ Un ballon de baudruche
- ✳ Un entonnoir
- ✳ Un bâton en bois ou un stylo
- ✳ De la farine
- ✳ Des ciseaux
- ✳ Une cuillère à soupe

Le tuto

1. Étirez bien le ballon dans tous les sens pour l'assouplir au maximum.
2. À l'aide de l'entonnoir, versez 3 cuillerées à soupe de farine dans le ballon.
3. Grâce au stylo ou au bâton, tassez la farine dans le fond du ballon.
4. Retirez l'entonnoir et nouez le ballon, puis coupez au-dessus du nœud.
5. Avec un feutre indélébile, dessinez un petit visage à votre balle.

✳ Help... Il est contrarié !

Eh oui, votre enfant comprend qu'il devra prochainement partager votre attention... et vos bras pour les câlins !

➡ **Comment je l'accompagne ?**

Après l'annonce, si vous sentez votre enfant contrarié et inquiet par l'arrivée prochaine du bébé, proposez-lui régulièrement des moments en tête à tête avec vous. L'idée ? Faire une activité qui vous fasse plaisir à tous les deux et qui le valorise, comme un petit tour en poney, une séance de piscine le mercredi, la confection d'un gâteau... Bref, choisissez des activités ludiques à partager et qui le rendent fier.

✳ Help... Il est indifférent !

Bien souvent, à cet âge-là, les enfants manquent un peu de réaction et sont parfois déconcertants ! Bien entendu, l'information n'est pas tombée dans l'oreille d'un sourd et votre petit a parfaitement entendu la nouvelle, simplement, sa réaction pourrait bien mettre un peu de temps pour apparaître. *No panic* !

➡ **Comment je l'accompagne ?**

Le soir, proposez à votre petit un tendre moment de complicité de 5 minutes avant le coucher. C'est l'occasion pour chacun de parler de sa journée et des émotions traversées. En prenant l'habitude de se confier à vous, votre enfant vous donnera petit à petit des signes d'ouverture à propos de la nouvelle que vous lui avez annoncée... Et s'il ne veut pas (encore) en parler, c'est qu'il n'est pas (encore) prêt !

MON ENFANT A ENTRE 5 ET 7 ANS : IL A BESOIN D'AUTONOMIE

✳ **À partir de 5 ans, votre enfant est super-actif sur le plan physique** et sa motricité s'affine à vitesse grand V ! Il a besoin de challenges en tous genres pour s'autonomiser, et il ne manque pas de vous le rappeler. Par exemple, il souhaite désormais s'habiller tout seul ou bien désire grimper dans la voiture sans votre aide. En un mot, il a des ailes (encore fragiles, certes) qui lui poussent dans le dos.

✳ **Les relations parents-enfant se pacifient :** les règles du quotidien sont plutôt bien intégrées et votre enfant adore vous imiter (au lieu de vous défier !). Les jeux d'imitation sont essentiels pour son bon développement car, en jouant à faire comme les grands, votre enfant règle certains blocages émotionnels et cela le responsabilise en douceur.

✳ **Les jeux d'imagination sont au cœur du quotidien de votre enfant.** Il adore raconter des histoires et se montre aussi très patient quand il s'agit d'en écouter... Ces petites bulles imaginaires lui donnent

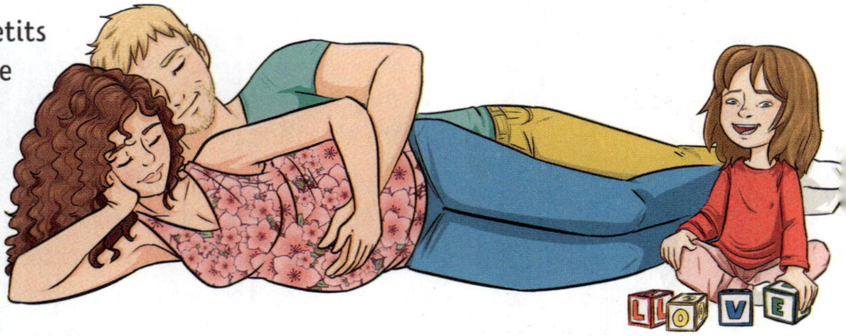

les clés pour résoudre ses petits soucis du quotidien, comme une dispute avec un copain, un gros chagrin après une réprimande de maman, etc. En effet, un enfant imaginatif a en lui des ressources insoupçonnées pour résoudre les éventuels problèmes rencontrés !

✳ **Vos échanges sont de plus en plus simples** puisque votre enfant s'exprime quasiment comme un adulte (malgré des petits soucis concernant la conjugaison…). Il sait parler de ses émotions, et succombe moins facilement à des accès de colère.

Je stimule son imagination

Entre 5 et 7 ans, votre enfant est le roi de l'imagination. Son apprentissage de la lecture fait de lui un grand curieux qui ne manque pas de se raconter des histoires, toutes plus fantastiques les unes que les autres. Et si vous vous appuyiez sur son imagination pour le préparer à l'arrivée de sa petite sœur ou de son petit frère ?

En pratique ?

✳ **Régulièrement, demandez à votre enfant de dérouler des histoires avec vous,** en allant le plus loin possible. Par exemple, proposez-lui un début d'histoire et chacun à son tour devra la compléter d'une nouvelle information. Le but ? Que l'histoire aille le plus loin possible et amuse votre enfant… et vous aussi !

✳ **Votre enfant est le roi du dessin ?** Voici un jeu parfait pour stimuler sa créativité : sur une feuille blanche, dessinez plusieurs cercles de la même taille les uns à côté des autres et, dans un temps dont vous fixerez ensemble les limites, imaginez le plus de dessins possible dedans !

Le pire ennemi de l'imagination ? Les écrans !

Consommés trop régulièrement, ils prémâchent une histoire à votre enfant et cela l'empêche de s'évader dans sa bulle créatrice, et donc de développer tout seul des capacités pour se sortir d'une situation qu'il juge compliquée. Veillez donc à limiter au maximum le temps d'exposition de votre petit aux dessins animés et autres jeux d'ordinateur.

Je l'aide à développer ses forces

À partir de 5 ans, votre enfant développe sa personnalité et s'autonomise à vitesse grand V ! Pour construire sa confiance en lui – nécessaire à tout apprentissage –, il est essentiel de l'aider à développer ses forces de façon réaliste... tout en l'encourageant dans ses talents !

✳ **Des compliments, ça fait toujours plaisir,** mais, pour qu'ils permettent à votre enfant de se sentir pleinement confiant, ils doivent être réalistes ! Un compliment doit par conséquent toujours s'accompagner d'encouragements. Par exemple, dites-lui que vous trouvez son dessin joli, mais prenez également le temps de lui en donner les raisons : les couleurs utilisées, le réalisme de son bonhomme. N'hésitez pas aussi à le questionner sur sa motivation. L'objectif ? Valoriser ses qualités réelles et lui donner confiance dans ce qu'il réalise.

✳ **Donner confiance à votre enfant,** cela passe aussi par des mots encourageants au quotidien, notamment en tirant le meilleur de chaque événement. Dans l'idée, travaillez au maximum des formulations positives. Par exemple, au lieu de dire « Non, ne fais comme ça, tu ne vas pas y arriver », dites plutôt : « De quoi aurais-tu besoin pour y arriver ? » Au lieu de dire « Ne pleure pas, ce n'est rien », dites : « C'est normal d'avoir mal, je te comprends et je suis certaine que tu vas réussir à faire mieux la prochaine fois. » En deux mots : restez positif !

À quel moment je lui annonce ?

À 5-7 ans, votre enfant a une conscience plus nette de ce qu'est un bébé. Il a déjà vu de nombreuses femmes enceintes et des nourrissons, que ce soit dans son entourage proche ou dans la rue, et il comprend plus facilement les besoins d'un tout-petit : ses pleurs, le biberon, les doudous... En un mot, il est ouvert à cette nouvelle aventure et se projette plus facilement dans le futur.

L'attitude à privilégier

✓ **Appuyez-vous sur des moments où vous sentez votre enfant réceptif** aux jeux d'imitation, par exemple un après-midi le week-end où il s'amuse à la dînette, à guérir le bobo de sa peluche ou à jouer à la maîtresse... Ce sont des moments parfaits pour qu'il puisse se projeter en tant que grand frère ou grande sœur.

✓ **Choisissez un moment de complicité avec votre enfant,** par exemple après un bon repas partagé ou pendant un goûter chaleureux. Il faut qu'il se sente au maximum en confiance pour accueillir vos émotions… et les siennes !

Ce qu'il faut éviter

✗ **Lui annoncer trop tardivement !** Votre enfant est tout à fait en âge de détecter les signaux de changement : le ventre de sa maman qui s'arrondit, les chuchotements répétés entre ses parents à propos d'une certaine nouvelle… Bref, il a des capteurs, et cela pourrait l'angoisser d'être dans l'attente.

✗ **Lui annoncer à un moment clé pour lui,** comme son anniversaire. C'est lui la star du jour, et personne d'autre… Et puis, ce bébé n'est pas un cadeau que vous lui faites, c'est le fruit de votre désir parental avant tout.

Comment je lui annonce ?

À 5 ans, votre enfant est beaucoup plus à l'aise avec les mots et comprend mieux les informations complexes. De plus, à cette étape de sa vie, ses premiers souvenirs se forgent… Ne vous privez donc pas de faire preuve d'imagination au moment de lui annoncer cette grande nouvelle. Une annonce originale aura le mérite de s'inscrire dans sa mémoire, pour son plus grand bonheur !

L'attitude à privilégier

✓ **Montrez votre joie !** En voyant ses parents sûrs d'eux et heureux de cette arrivée, votre aîné sera rassuré car il vous fait pleinement confiance.

✓ **Appuyez-vous sur son imagination débordante pour lui faire l'annonce.** S'il adore les puzzles, commandez pour lui un puzzle personnalisé avec le dessin d'un bébé et vos visages ou avec « Surprise ! tu vas être grande sœur » (on trouve sur Internet de nombreuses offres de création de puzzles personnalisés à partir de ses photos) ! S'il est plutôt du genre défi sportif, préparez-lui une petite médaille de « grand frère champion ». Bref, amusez-vous à rendre votre annonce inoubliable.

Ce qu'il faut éviter

× **Être mal à l'aise...** On comprend que ce moment soit attendu et source de petites interrogations diverses, mais votre enfant a besoin d'être rassuré et de sentir que ses parents assument pleinement : ne tournez donc pas trop longtemps autour du pot !

× **Faire annoncer la grande nouvelle par un autre membre de la famille que vous.** C'est aux futurs parents de délivrer le message et non aux grands-parents ou encore aux petits cousins...

Le prénom du futur bébé se choisit à deux !

Vous hésitez entre Théo et Lola pour votre futur bout d'chou ? Prenez le temps de trancher en couple ! Ce choix appartient pleinement aux futurs parents, et il ne s'agit pas d'en donner la responsabilité (et la pression) à votre aîné, car ce n'est pas son rôle.

Inspirez-vous !

« Mateo réclamait un petit frère ou une petite sœur depuis longtemps... Pour lui annoncer, nous avons installé un lit de bébé dans la chambre d'amis et nous lui avons demandé ce qu'il en pensait... Il a tout de suite compris et a bondi de joie partout dans la maison ! »
Mathilde, maman de Mateo, 7 ans

« Notre fille a rapidement perçu que j'étais enceinte de sa petite sœur car j'étais très malade en début de grossesse... Elle m'a demandé si c'est parce qu'il y avait un bébé dans mon ventre et j'ai confirmé avec un grand sourire. Depuis, elle joue à la petite infirmière et prend régulièrement ma température pour savoir si je vais bien et le bébé aussi... Adorable ! »
Isa, maman de Noa, 5 ans

« Pour Rémy, qui est un grand fan de Lego, nous avons acheté le modèle City, avec la famille, maman, papa, garçon et bébé... et même la poussette ! Cela l'aide beaucoup à se projeter... Il y joue tout le temps ! »
Nadia, maman de Rémy, 6 ans et demi

Comment je gère sa réaction ?

Après avoir annoncé à votre petit de 5 ans et plus qu'il allait être grand frère ou grande sœur, il se peut que vous soyez confronté à l'une de ces 3 réactions typiques qui peuvent parfois vous désarçonner... Comment bien l'accompagner ?

✳ Help… Il est angoissé !

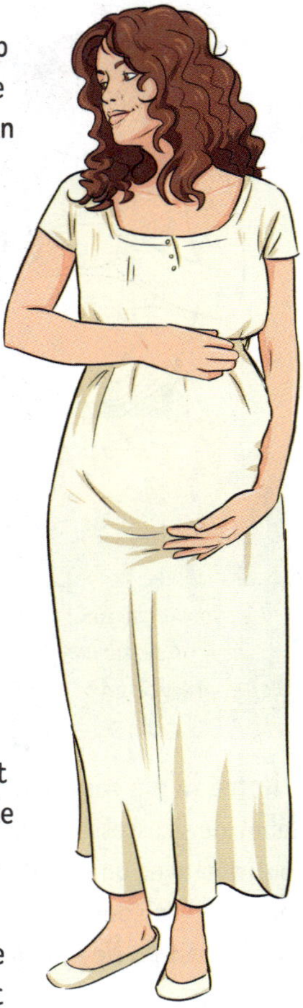

Depuis que vous lui avez annoncé la grande nouvelle, il se préoccupe beaucoup de la santé de son cadet à l'intérieur de votre ventre. Est-ce qu'il mange assez ? Est-ce qu'il n'a pas trop chaud ? Et s'il avait mal quand maman s'énerve ? Ces questionnements peuvent traduire des petites inquiétudes liées à son âge, comme les angoisses autour de la mort, les maladies… Toutes ces choses poussent votre enfant à vous poser des questions à foison.

➡ Comment je l'accompagne ?

Rassurez-le sur votre capacité à bien vous occuper de ce bébé : vous l'avez fait pour lui et vous saurez le faire pour ce nouvel enfant ! Ces préoccupations peuvent paraître mignonnes aux yeux des autres, mais elles révèlent de l'anxiété chez votre enfant. Aussi, pour apaiser ses angoisses au maximum, restez simple et concret dans vos réponses, comme « Ne t'inquiète pas, maman s'occupe bien de ta petite sœur, elle deviendra tout aussi forte que toi ! » ou encore « Papa et maman prennent bien soin de ton petit frère, il grandit correctement, ne t'inquiète pas. »

✳ Help… Il boude !

Votre aîné prend cette nouvelle comme une trahison : vous lui avez « fait un bébé dans le dos », car il n'a pas été concerté ! Depuis, il ne vous parle plus et boude régulièrement…

➡ Comment je l'accompagne ?

Prenez le temps d'accueillir son émotion sans la juger. S'il réagit comme cela, c'est qu'il a l'impression d'être déjà mis de côté. Rappelez-lui avec douceur que vous n'avez pas d'autorisation à lui demander pour faire un bébé et heureusement, car cette décision ne le concerne pas. Impliquez-le en douceur dans la préparation de cette arrivée prochaine : demandez-lui son avis sur les couleurs de la chambre du bébé, sur les petits bodys que vous lui achetez… L'objectif ? Qu'il se sente intégré à cette nouvelle configuration familiale !

✳ Help… Il en parle tout le temps !

Vous sentez que votre aîné est en totale excitation depuis cette annonce : tous les sujets de conversation tournent autour du futur bébé et il ne se préoccupe plus tellement des activités que vous lui proposez…

➡ Comment je l'accompagne ?

C'est une bonne chose que votre enfant soit aussi enthousiaste, mais attention à ne pas tourner en boucle sur l'arrivée du futur bébé… Accordez-lui du temps et de l'attention pour qu'il se sente autorisé à penser à lui. Très concrètement, faites ensemble des activités qui lui plaisent et dans lesquelles il se sent valorisé et pleinement impliqué. N'hésitez pas non plus à faire appel à ses petits copains pour qu'il se recentre sur des préoccupations liées à son âge. Enfin, en sa présence, levez un peu le pied sur les sujets de conversation qui pourraient tourner autour du futur bébé…

Chapitre 3

Votre bébé est là ! Programme pour accompagner l'aîné...

Vous y êtes : votre deuxième amour vient de pointer son nez ! Durant ces premiers jours, voire ces premières semaines, l'attention de tous est portée sur ce petit trésor. Ces premiers instants (magiques) sont précieux pour accueillir dans la joie et l'enthousiasme votre nouveau-né. Votre aîné, qui a désormais bien intégré l'annonce du changement au cours de ces derniers mois, devra désormais faire face à de nouveaux défis pour accepter en douceur sa nouvelle place de « grand » dans votre famille. Comment l'aider à passer le cap ? Suivez le guide !

VOTRE ATTITUDE DE PARENT EST DÉCISIVE

Votre aîné n'est pas le seul à devoir s'acclimater au changement à venir ! Vous aussi, cher parent ! Au cours de ces prochains mois, vous allez devoir garder en tête trois règles d'or pour amorcer ce début de vie à quatre...

3 RÈGLES D'OR À RETENIR À L'ARRIVÉE DE VOTRE BÉBÉ

Ne culpabilisez pas !

Oui, votre aîné vous demandera peut-être de ramener son petit frère à la maternité... Sachez que son sentiment de jalousie est parfaitement normal ! En revanche, ne vous en voulez pas de lui « imposer » ce nouveau venu. Ce bébé est le fruit de votre décision de couple. S'il vous sent sûrs de vous et heureux, votre aîné comprendra que tout se passera bien.

Restez bienveillant !

Après la naissance du bébé, votre aîné aura besoin de votre écoute et de votre empathie pour accueillir ce changement le plus sereinement possible. Ne jugez pas ses colères (s'il y en a... car tous les enfants sont différents, bien sûr !) ni ses petites crises de jalousie, car elles font partie du processus d'acceptation. Accueillez ses émotions et rassurez-le constamment sur sa place dans la famille et sur votre amour indéfectible.

Soyez ferme !

Bien entendu, il n'est pas question de tout accepter sans poser de cadre. Votre aîné sera d'autant plus rassuré sur votre amour et votre bienveillance que vous ferez preuve de fermeté lorsqu'il dépasse les bornes. Les gestes violents envers le bébé ou vous-même sont inacceptables, et ce sera à vous de le lui rappeler, sans transiger.

Favorisez les routines !

L'arrivée d'un enfant bouscule le quotidien de tous, et votre aîné n'est pas épargné... À la maison, veillez à renforcer au maximum les routines déjà existantes (l'histoire avant le coucher, le câlin du réveil, les spaghettis du dimanche soir...). Cela le rassurera et le sécurisera dans ce moment de changement intense !

À LA MATERNITÉ

Votre bout d'chou vient de pointer son nez sous vos yeux transis d'amour (et de fatigue, ne nous le cachons pas). À la maternité, tous les regards sont tournés vers lui : les vôtres, bien sûr, mais aussi ceux des grands-parents, ceux des amis proches... et celui de votre aîné ! Comment faire de cette première rencontre fraternelle un moment inoubliable et positif ? Voici quelques astuces imparables.

5 conseils pour une rencontre inoubliable !

Une visite courte, mais de qualité

Le jour de la rencontre entre votre aîné et le nouveau-né à la maternité est important : c'est dans ces lieux que se crée leur premier lien ! Pour que la rencontre se passe bien, faites en sorte que l'aîné ne reste pas trop longtemps. En effet, rester enfermé dans une chambre plusieurs heures reste pénible pour un enfant. Et qui dit fatigue dit irritabilité ! Une heure par jour est une durée amplement suffisante pour que votre premier se sente à l'aise avec son cadet... et vous aussi !

Un cadeau pour le bébé, et pour sa maman

Quoi de plus touchant que de voir son grand accueillir son cadet avec un joli cadeau fait maison ? Proposez-lui (sans le forcer, bien sûr) de faire à son petit frère ou à sa petite sœur un dessin qu'il lui offrira le jour J.

Pensez aussi à lui proposer de faire un cadeau pour sa maman... Un petit gâteau confectionné avec son papa ou ses grands-parents sera vraiment apprécié !

WARNING !

Le jour de la rencontre, assurez-vous que votre aîné n'est pas malade... Si vous soupçonnez un petit virus, parlez-en à la maternité pour savoir s'il peut rendre visite au bébé. Bien souvent, en cas de doute, un petit masque lui sera proposé.

Des câlins, oui, mais en toute sécurité

Il y a fort à parier que votre aîné veuille prendre son cadet dans les bras pour lui faire un bisou ! Exprimez-lui tout d'abord votre bonheur de vouloir se rapprocher du bébé et réunissez toutes les conditions de sécurité pour que ce moment se passe bien : demandez-lui de se laver les mains et de s'asseoir confortablement au calme. Rappelez-lui qu'il devra demander votre autorisation à chaque fois qu'il voudra prendre son cadet dans les bras. S'il souhaite lui faire un bisou, il est toujours préférable de le faire sur le haut du crâne, sur le ventre ou sur les pieds, en prenant soin d'éviter la joue, vecteur de transmission d'éventuels microbes.

Le faire participer aux soins, mais à sa hauteur

Pour l'impliquer au mieux dans cette arrivée, proposez-lui de vous donner quelques coups de main adaptés à son âge, par exemple en appliquant de la lotion sur un coton pour nettoyer le bébé, en apportant un verre d'eau à sa maman qui allaite, etc. Toutes les petites actions tournées vers le soin peuvent aider votre enfant à s'investir auprès de son cadet et renforcer sa fierté d'être désormais le grand.

Et si l'accouchement s'est mal passé, comment lui parler ?

Parfois, l'accouchement se passe difficilement et la jeune maman a bien du mal à s'en remettre, tant sur le plan physique que sur le plan psychologique. Il est alors difficile de trouver des forces pour son aîné qui réclame, bien logiquement, de l'attention...

Comment lui dire ?

Si votre grand vous voit pleurer, expliquez-lui avec des mots simples que vous êtes triste en ce moment car vous êtes fatiguée. Lui aussi pleure quand il ressent de la fatigue... C'est pareil pour vous ! Surtout, rassurez-le sur votre amour : il n'y est pour rien et vous l'aimez toujours autant ; simplement, quand on a du chagrin, il faut parfois un peu de temps pour aller mieux... Dites-lui également que les larmes de joie et de tristesse peuvent se mêler et que ce n'est pas grave, cela arrive. Quoi qu'il en soit, n'hésitez pas à passer le relais à vos proches si vous sentez que vous ne parvenez pas à prendre en charge vos deux enfants pendant cette période délicate.

Les phrases à lui dire... et celles à éviter !

Pour créer une atmosphère propice à l'échange et à la douceur avec votre aîné, n'hésitez pas à vous inspirer de ces petites phrases. Elles lui permettront de se sentir à l'aise et compris dans ce moment tant attendu qu'est la rencontre avec le bébé à la maternité !

Ce que vous pouvez lui dire

✓ **« Tu peux le prendre dans tes bras si tu le souhaites, j'ai confiance en toi ! »**

Pourquoi ? Offrir la possibilité à votre enfant de prendre sa petite sœur ou son petit frère dans les bras est un signe de confiance qu'il ne prendra pas à la légère. Il pourra se sentir fier de prendre soin du bébé, et ce premier contact sera pour lui inoubliable ! Attention à bien lui rappeler qu'il est important de toujours vous demander l'autorisation avant de prendre son cadet dans les bras et d'attendre que vous soyez près de lui.

✓ **« Tu vas pouvoir lui apprendre plein de super-choses... »**

Pourquoi ? En regardant son petit frère ou sa petite sœur, tout fragile dans son berceau, votre aîné peine à s'imaginer qu'il pourrait lui apprendre des tonnes de choses un jour... Et pourtant ! N'hésitez pas à lui rappeler qu'en tant que grand il est en position privilégiée pour lui transmettre ses connaissances et ses passions. Vous le valorisez ainsi dans son nouveau rôle, et il regardera son cadet avec un œil nouveau !

✓ **« À deux, vous allez former une super-équipe ! »**

Pourquoi ? Avec l'arrivée de ce bébé, votre enfant peut avoir l'impression qu'il est en rivalité avec lui. Eh oui, l'attention de ses parents est désormais partagée entre eux, et il l'a sans doute d'ores et déjà constaté en vous observant à la maternité...

N'hésitez donc pas à lui rappeler que sa petite sœur ou son petit frère peut devenir un formidable allié, avec qui il formera une équipe du tonnerre. Fini les aventures en solo où il peinait à capter l'attention des grands : maintenant, ils sont deux et ça va détonner !

✓ **« Je suis tellement heureux/fier de voir quel enfant attentif tu es... »**

Pourquoi ? Régulièrement, n'hésitez pas à féliciter votre enfant quand il se montre attentif envers le bébé. Par exemple, s'il lui caresse la joue, le prend en photo avec l'appareil de mamie, lui met ses chaussettes... Tous les petits gestes tendres sont à relever pour le mettre en valeur et le remercier d'être si gentil.

Ce qu'il est préférable de ne pas dire

✓ **« Vous vous ressemblez tellement, on dirait toi à ta naissance ! »**

Pourquoi ? N'oubliez pas que, dans cette période qui est déstabilisante, votre enfant a besoin de se sentir unique et non pas comparé à ce bébé qu'il ne connaît pas encore et qui, de surcroît, lui vole la vedette. Dans ces tout premiers moments de rencontre, il est préférable d'éviter les comparaisons, surtout si vous sentez que votre enfant n'est pas encore réceptif à cela... Vous aurez bien le temps de pointer leurs ressemblances par la suite !

✓ **« Attention, ne le tiens pas comme ça, c'est dangereux ! »**

Pourquoi ? Bien entendu, si votre enfant est trop petit ou si vous ne le sentez pas encore suffisamment à l'aise pour prendre le bébé dans ses bras, il est inutile de le lui proposer. En revanche, si vous le sentez prêt et disposé à vivre ce grand moment, installez-le convenablement dans un fauteuil ou sur votre lit et laissez-le tenir son petit frère ou sa petite sœur bien au chaud dans ses bras. Restez à proximité et, en cas de gestes brusques, ne vous énervez pas et ne lui dites pas qu'il est dangereux. Le risque ? Qu'il ne souhaite plus le toucher et se sente blessé. Au contraire, reprenez ses gestes avec lui et assurez-le de votre confiance...

✓ **« Ne parle pas si fort, tu vas le réveiller ! »**

Pourquoi ? Parce que votre enfant est petit, lui aussi, et qu'il ne maîtrise pas encore le timbre de sa voix. Bien sûr, il est désormais « le grand », mais il ne faut pas attendre de lui un comportement parfait et responsable d'aîné. Laissez-le grandir à son rythme, sans trop lui en demander. Pour éviter qu'il ne fasse trop de bruit, évitez de le faire venir à la maternité trop longtemps et rappelez-lui que son petit frère ou sa petite sœur a besoin de beaucoup de sommeil pour pouvoir grandir et jouer avec lui.

✓ **« Regarde tous les beaux cadeaux qu'il a reçus... »**

Pourquoi ? Parce que cela risque fort de susciter une pointe d'envie chez lui ! Jusqu'à présent, les cadeaux étaient pour lui ; désormais, il les voit passer sous son nez ! Bien entendu, il est important qu'il apprenne la notion de partage au fil du temps, mais les premiers jours à la maternité peuvent être un peu déroutants. Évitez ainsi de lui faire passer en revue toutes les jolies peluches de son cadet...

✓ **« Je suis certain que tu vas l'adorer ! »**

Pourquoi ? Les sentiments de votre premier sont encore bien ambigus envers votre petit. Il peut se sentir partagé entre plusieurs sentiments, et l'amour ne va pas (encore) de soi. Si, pour certains, le contact se fera immédiatement, il faudra aux autres un peu de temps avant d'apprécier ce nouveau venu. Ne le chargez pas de vos propres projections, au risque de l'obliger à mettre de côté ses propres sentiments et qu'il se sente mauvais ou méchant s'il n'arrive pas à apprécier son cadet comme vous le souhaiteriez. Pas de panique, l'attachement viendra petit à petit !

COMMENT GÉRER SES PETITES RÉGRESSIONS ?

LE PHÉNOMÈNE DE RÉGRESSION, C'EST QUOI ?

Bien souvent, après l'arrivée d'un deuxième enfant dans la famille, l'aîné lâche un peu de lest sur ses précieux acquis... Il allait tranquillement au pot comme un grand ? Désormais, il se remet à faire pipi au lit ! Il n'avait plus besoin de sa précieuse tétine ? Maintenant, il vous la réclame à cor et à cri ! Il buvait dans sa petite tasse avec plaisir ? Il vous demande à nouveau son bib' ! En cause ? Il vous observe vous occuper de son cadet avec attention, et cela le rend un tantinet jaloux ! Eh oui, il n'y a pas si longtemps de cela, c'était lui le petit dernier de la famille, et il réclame aussi sa part de chouchoutage...

LA RÉGRESSION, ÇA A DU BON (OUI, OUI !)

Pas facile de voir son premier, qui avait nettement progressé ces derniers temps, faire quelques pas en arrière, n'est-ce pas ? Pourtant, sachez que c'est une bonne chose !

Une étape normale...

En effet, ces petites phases de régression sont un moyen pour lui de revenir à une étape de développement bien connue et, surtout, maîtrisée. Il se sent ainsi en sécurité... Qui plus est, il s'agit d'un temps nécessaire pour qu'il puisse passer à l'étape supérieure, celle qui fera de lui le grand de la famille.

... surtout si l'aîné est encore petit

Évidemment, si votre enfant est encore petit (aux alentours de 2-3 ans), il se développe normalement et a encore de nombreux comportements liés à son âge, comme la tétine, le pipi au lit, les couches... Pas de panique s'il semble prendre encore plus de temps pour avancer !

COMBIEN DE TEMPS ÇA DURE ?

Toutes les périodes de transition dans la vie de votre enfant, comme un déménagement, une rentrée scolaire ou l'arrivée d'un deuxième enfant à la maison, peuvent donner lieu à des petites phases de régression. En général, cela ne dure que quelques semaines, et les comportements régressifs ne sont pas toujours constants : votre enfant peut régresser un jour et progresser le lendemain, et ainsi de suite...

N'hésitez pas à consulter

Si vous constatez que cette phase s'installe dans le temps et qu'elle nuit à ses apprentissages et à son développement en général, il ne faudra pas hésiter à consulter un pédiatre pour s'assurer qu'il n'y a pas de problème de santé sous-jacent. Vous pouvez même prendre rendez-vous avec un pédopsychiatre, qui vous donnera de précieux conseils pour l'aider à traverser cette phase en douceur.

NO STRESS !
Relâchez la pression si votre enfant régresse et ne remettez pas en cause votre éducation. C'est une phase vouée à disparaître si elle est accompagnée de votre bienveillance.

COMMENT RÉAGIR QUAND IL RÉGRESSE ?

Lorsque vous sentez que votre aîné commence à agir comme un bébé pour capter votre attention, voici quelques réflexes à mettre en place en famille pour le rassurer au mieux dans cette étape de transition.

Ce qu'il fait.	Ce qu'il est préférable d'éviter de faire ou de dire.	Ce que vous lui proposez à la place.
Il suce son pouce.	➡ Ne vous moquez pas de lui en lui disant qu'il fait son bébé. Il a besoin d'être rassuré sur votre amour, et c'est le moyen qu'il a trouvé pour s'apaiser. ➡ Ne paniquez pas, cette phase passe bien souvent d'elle-même si vous montrez à votre enfant que vous n'y attachez pas plus d'importance que cela.	➡ Proposez-lui des activités qui mobilisent ses deux mains : pâte à modeler, lecture d'un livre, confection d'un gâteau avec vous ou aider aux soins de son petit frère ou de sa petite sœur (plier les bodys, mettre de la lotion sur un coton...). 

Ce qu'il fait.	Ce qu'il est préférable d'éviter de faire ou de dire.	Ce que vous lui proposez à la place.
Il fait pipi au lit.	➡ Évitez les reproches et ne lui dites pas que ce n'est pas bien parce que, désormais, c'est lui le grand. Cela renforcerait la pression qui pèse sur lui !	➡ Posez à côté de son lit un pyjama de rechange et une serviette propre, qu'il pourra mettre sur son matelas en cas de petit accident. S'il est âgé d'environ 6 ans, demandez-lui de vous aider lorsque vous faites son lit pour qu'il développe son envie d'autonomie. ➡ Félicitez-le lorsqu'il ne mouille pas son lit et encouragez-le à continuer de la sorte.
Il a peur du noir.	➡ Ne prenez pas sa peur à la légère ! Au contraire, tenez compte de son angoisse, sans toutefois dramatiser la situation. Invitez-le à décrire sa peur, cela peut éventuellement lui permettre d'échanger sur ses angoisses plus profondes... ➡ Ne l'incitez pas à parler de son petit frère ou de sa petite sœur s'il ne le fait pas spontanément.	➡ Soyez compréhensif : votre enfant a besoin de temps pour s'adapter à son changement de place dans la famille. Prenez le temps de parler de ce qui l'inquiète vraiment. Revenez sur une peur qu'il a déjà réussi à dépasser par le passé pour valoriser son courage.  ➡ Renforcez les rituels autour du coucher et soyez 100 % présent avec lui dans ces moments-là : une histoire, une petite comptine, un câlin, un bisou, la veilleuse...
Il ne veut plus se séparer de son doudou.	➡ Ne vous moquez pas de lui, il a besoin de cet objet transitionnel pour se rassurer. ➡ Ne lui retirez pas de force, prenez le temps d'accepter son besoin du moment en le rassurant au maximum. 	➡ Aidez-le à verbaliser ses émotions : « Comment te sens-tu lorsque tu as ton doudou avec toi ? Et si tu l'oubliais une journée, comment te sentirais-tu ? » Cela l'aidera à mettre des mots sur ses sentiments. ✳ Rassurez-le sur votre disponibilité en lui rappelant que vous avez compris son inquiétude. Dites-lui que vous savez que son doudou le réconforte et que vous le sentez inquiet car vous êtes occupé par son petit frère ou sa petite sœur. Rassurez-le : même si vous êtes un peu moins disponible en ce moment, dites-lui que vous serez toujours là pour lui.

Ce qu'il fait.	Ce qu'il est préférable d'éviter de faire ou de dire.	Ce que vous lui proposez à la place.
Il veut dormir avec vous. 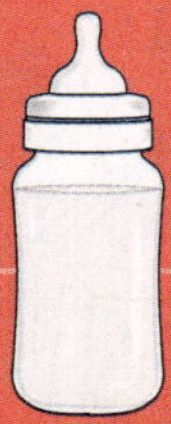	➜ Ne le grondez pas : il a besoin de votre écoute et de votre bienveillance pour passer le cap.	➜ Rappelez-lui calmement les règles et expliquez-lui pourquoi son cadet dort avec vous ; lui aussi, quand il était bébé, avait besoin de vos bras. Sécurisez-le en l'accompagnant dans son propre lit et prenez un peu plus de temps que d'ordinaire pour le rituel du coucher. Laissez-le libre de vous parler de ses émotions et accueillez-les avec bienveillance et sans jugement. ➜ Proposez-lui des objets transitionnels rassurants, comme une peluche toute douce, et allumez une veilleuse qui lui plaît. ➜ Pour valoriser son autonomie, posez-lui un verre d'eau près de son lit pour s'il a soif...
Il veut boire au biberon.	➜ N'interdisez pas le biberon les premiers temps : laissez-le prendre le temps de régresser un peu s'il souhaite revivre ce moment pour imiter le bébé. Il abandonnera de lui-même cette habitude en voyant ses petits copains boire dans un verre.	➜ Accordez au maximum de l'attention positive à ses compétences de grand : valorisez-le quand il se montre responsable (même à son petit âge) et dites-lui à quel point vous êtes fier de lui.
Il parle comme un bébé.	➜ Ne vous moquez pas de lui en lui disant que c'est ridicule de parler comme un bébé alors qu'il est grand. Il a besoin de se sentir compris, et non rejeté.	➜ Prenez le temps de valoriser les activités des « grands », par exemple avec des jeux adaptés à son âge, des moments de lecture partagés à la bibliothèque... ➜ Inscrivez-le à l'activité physique de son choix pour qu'il rencontre d'autres enfants de son âge et se sente valorisé dans ses nouvelles compétences.

Et bis repetita

Si votre enfant répète non-stop la même chose pendant sa phase de régression, c'est qu'il a besoin de vous livrer son trop-plein d'émotions et que, en revenant constamment dessus, il cherche les outils adéquats pour gérer la situation. Laissez-le intégrer la situation ainsi, il a tout à y gagner pour avancer !

LES BONS « STOP-RÉGRESSION »

Bien entendu, vous ne pouvez pas vous démultiplier pour contenter les besoins de tout le monde à la maison... d'autant que votre petit dernier réclame naturellement beaucoup d'attention ! Puisque vous avez moins de temps qu'avant pour vous occuper de votre premier, misez plutôt sur des temps de qualité. **Voici 7 bons dont vous pouvez vous inspirer.** Donnez-les à votre enfant, qui pourra les utiliser une fois par jour toutes les semaines quand il en ressent le besoin. Attention, cela ne vous dispense pas d'avoir des attentions pour lui au quotidien, des gestes tendres, à procurer sans modération !

Le joker à utiliser sans modération...

5 RITUELS 100 % RESPONSABILISATION (ET ANTI-RÉGRESSION)

Votre quotidien de jeune parent vous donne la sensation de passer votre temps dans les couches et les biberons ? Et si vous proposiez à votre grand de vous filer régulièrement un coup de main pour l'impliquer dans son nouveau rôle d'aîné ? Si l'objectif n'est évidemment pas d'en faire votre assistant personnel, il est toujours intéressant de l'investir dans ce nouveau rythme familial. À la clé, un sens des responsabilités développé et une complicité renforcée avec papa ou maman !

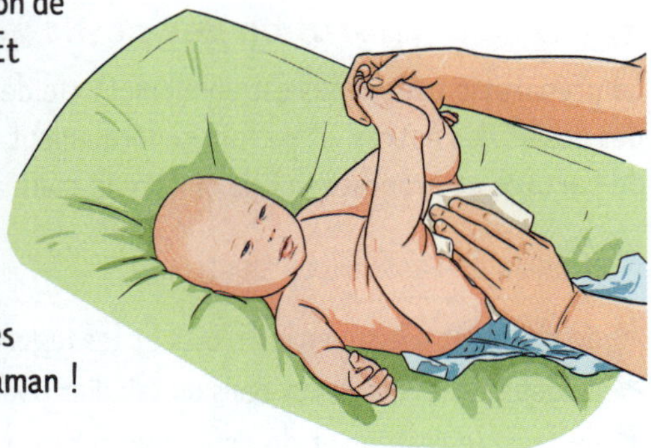

Rituel du change

Profitez du change de votre bébé pour initier le plus grand aux soins quotidiens de son cadet ? En vous donnant un coup de pouce, il pourra se rapprocher lui aussi du bébé et l'observer pour mieux comprendre ses besoins...

Mon aîné a 2-4 ans, je lui propose...

* d'appliquer de la lotion nettoyante sur un coton.
* de m'aider à déplier la couche propre.
* de refermer les petites languettes autocollantes de la couche.

Mon aîné a 5-8 ans, je lui propose...

* de préparer un liniment oléocalcaire maison.
* de plier les affaires du bébé et de les ranger dans le placard.
* de distraire le bébé avec une petite peluche ou un hochet pendant que vous vous en occupez.
* d'aller chercher quelque chose que vous avez oublié dans une autre pièce pour éviter de laisser le bébé tout seul.

DIY : liniment oléocalcaire maison

La recette naturelle pour nettoyer les petites fesses de votre bébé le plus naturellement du monde est très simple, et votre aîné sera ravi de vous aider à jouer aux petits chimistes !

Pour 250 ml de liniment, il vous faut :

* 125 ml d'eau de chaux (facile à trouver en pharmacie)
* 125 ml d'huile végétale biologique (huile d'olive, huile de noyau d'abricot, huile d'amande douce...)

1. Versez votre huile végétale dans un récipient et ajoutez doucement l'eau de chaux.
2. Mixez le mélange dans un blender.
3. Faites fondre au bain-marie ½ cuillerée à soupe de cire d'abeille bio.
4. Ajoutez la cire d'abeille et mélangez jusqu'à ce que l'ensemble soit bien homogène.

Conservez le liniment dans un flacon opaque et hermétique, à pompe ou doté d'un bec verseur, dans un endroit sec et à l'abri de la lumière.

Rituel de préparation des petits pots (compote ou purée)

La préparation des repas est un moment clé de la journée : elle permet de mieux connaître les goûts des uns et des autres, et se fait généralement dans la convivialité. Initiez votre grand à cet instant de partage et proposez-lui de mettre la main à la pâte pour régaler son cadet !

Mon aîné a 2-4 ans, je lui propose...

* de rincer et d'essuyer les fruits et les légumes.
* de déposer les morceaux dans un saladier pour la cuisson.
* de faire le testeur et de goûter au fur et à mesure.

Mon aîné a 5-8 ans, je lui propose...

- ✳ de choisir les fruits et les légumes avec papa ou maman chez le primeur ou au supermarché.
- ✳ de mettre les préparations dans des pots ou des boîtes de conservation.
- ✳ de donner quelques cuillerées à son petit frère ou à sa petite sœur (s'il le souhaite, et une fois de temps en temps) ou de lui essuyer la bouche au fur et à mesure.

Rituel du bain

Quoi de plus rigolo que de s'amuser avec son petit frère ou sa petite sœur qui barbotte dans son bain ? C'est l'occasion de laisser votre grand partager un moment de complicité avec son cadet !

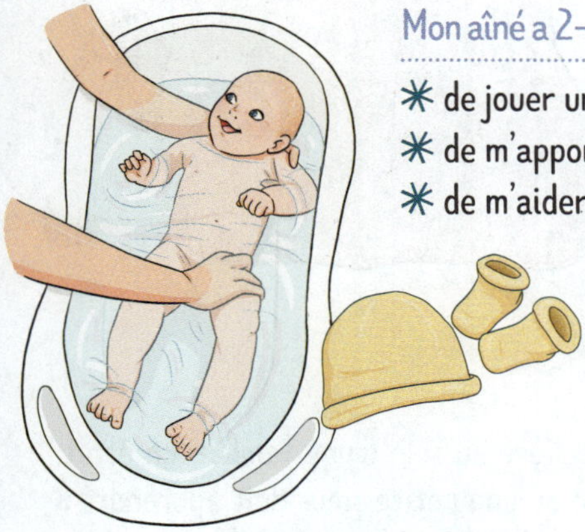

Mon aîné a 2-4 ans, je lui propose...

- ✳ de jouer un peu avec le bébé quand il barbote dans son bain.
- ✳ de m'apporter son petit peignoir ou sa serviette.
- ✳ de m'aider à l'essuyer en douceur.

Mon aîné a 5-8 ans, je lui propose...

- ✳ de m'aider à le shampooiner.
- ✳ de lui masser les pieds avec une huile bio.
- ✳ de m'aider à choisir ses vêtements.

Rituel du coucher

Et si votre grand vous accompagnait pour participer à la routine du coucher du petit dernier ? C'est un moment plein de tendresse, que votre aîné connaît bien puisque vous le faites également pour lui ! Au menu, douceur et complicité.

Mon aîné a 2-4 ans, je lui propose...

- ✳ de faire des câlins et des bisous au bébé.
- ✳ de lui chanter une petite comptine qu'il aime.
- ✳ de fermer sa turbulette.

Mon aîné a 5-8 ans, je lui propose...

- de m'aider à lui lire une histoire.
- de lui apporter son doudou.
- d'allumer la veilleuse.

Les vertus de l'imitation

N'hésitez pas à proposer à votre aîné de s'occuper de sa poupée en même temps que vous vous occupez de votre deuxième ! Les jeux d'imitation sont déterminants dans son développement, car ils affinent sa motricité et lui permettent de prendre du recul sur ses petites émotions...

COMMENT ACCUEILLIR SA JALOUSIE AVEC BIENVEILLANCE ?

JALOUSIE, QUAND TU NOUS TIENS...

Quel que soit son âge, votre aîné peut ressentir un sentiment de jalousie à l'arrivée de son cadet. Ce chamboulement est souvent vécu comme une véritable intrusion dans le trio fusionnel qu'il formait avec son papa et sa maman. Peur de perdre sa place dans le cœur de ses parents, peur de perdre leur attention au profit du petit nouveau, peur de ne plus être aimé suffisamment... Beaucoup de peurs, n'est-ce pas, pour un enfant ?

LA JALOUSIE LE CONSTRUIT !

Être l'aîné d'une fratrie, c'est avoir une position bien particulière au sein d'une famille. En effet, l'enfant qui naît en premier et qui voit arriver un petit frère ou une petite sœur doit apprendre à gérer des émotions ambivalentes : l'amour et la jalousie. Résultat : il souffre et culpabilise, en particulier si ses parents lui font sentir qu'il n'est pas gentil d'avoir cette attitude envers le bébé. Pour autant, si vous l'accompagnez au mieux et respectez ses émotions, il en sortira grandi et acceptera avec fierté sa position de grand.

3 PHRASES TYPIQUES DE PETIT JALOUX !

« Je veux le jeter à la poubelle ! »

1. Je décrypte

Souvent, les enfants de 2 à 4 ans peuvent avoir ce type de réflexion... À travers ces mots – qui peuvent vous surprendre ! –, votre enfant trahit sa peur de voir ce bébé prendre toute votre attention et il ne voit pas bien tous les avantages à avoir un cadet !

2. Je ne le juge pas

Inutile de corriger ses propos en lui disant qu'il est vilain ou bien méchant. Votre enfant a avant tout besoin de sentir que vous comprenez ses émotions. S'il se sent jugé, il intériorisera ses sentiments et culpabilisera d'autant plus.
Dites-lui plutôt : « Je comprends que tu sois furieux et jaloux parce que je m'occupe beaucoup de ton petit frère. Ta colère est normale, mais je n'accepterai jamais que tu lui fasses du mal, c'est interdit. » Il est important de lui rappeler l'interdit, posément mais assez fermement pour qu'il sente que vous resterez intransigeant.

3. Je l'incite à parler de ses émotions

Demandez-lui ce qu'il ressent exactement « Qu'est-ce qui te rend jaloux ou en colère ? Souhaites-tu que je passe plus de temps avec toi ? » Amenez-le en douceur à se confier sur ce qui l'ennuie le plus : votre manque de disponibilité, la sensation d'être moins aimé…

4. J'agis !

En fonction de ses réponses, trouvez une solution réalisable et qui comblerait son besoin : par exemple, s'il a besoin d'attention, proposez de lui consacrer une heure (en fonction de ce que vous pouvez, bien sûr), rien qu'à lui ! Arrangez-vous avec votre conjoint pour qu'il prenne le relais avec le bébé et passez du temps qualitatif avec votre grand…

«Pourquoi il a le droit de dormir dans votre chambre et pas moi ?»

1. Je décrypte

Depuis sa naissance, votre nouveau-né dort dans votre chambre. Rien de plus normal : il a encore besoin de beaucoup d'attention et de soins. Mais cela, votre aîné a bien du mal à le comprendre… Pourquoi pas lui ? Ce petit frère a décidément bien de la chance à ses yeux et il trouve cela injuste !

2. Je lui rappelle les faits

Pour éteindre son sentiment d'injustice, expliquez-lui clairement pourquoi il ne peut pas dormir dans votre chambre : « Comme tu le vois, ton frère est encore très petit et, tout comme toi quand tu es né, il a besoin de beaucoup d'attention la nuit. Par exemple, il a faim et cela le réveille. C'est plus simple qu'il soit dans notre chambre pour que nous puissions prendre soin de lui et lui donner à manger. »

3. Je le valorise

Après les faits, rappelez-lui qu'il a déjà passé cette étape et qu'il a maintenant le privilège de dormir dans sa chambre. « Je suis très fier que tu sois dans ta chambre désormais et que tu saches dormir tout seul. Tu as grandi, et c'est un plaisir de te voir t'endormir dans ton lit à toi ! »

4. Je le rassure

Bien entendu, si votre enfant est jaloux, c'est principalement parce qu'il redoute d'avoir moins d'attention que son cadet... Votre mission : le rassurer ! Dites-lui par exemple : « Tu sais que je suis toujours là si tu as besoin de moi durant la nuit. Je suis à côté de ta chambre et tu peux venir me voir quand tu en ressens le besoin. »

« Pourquoi il a plus de doudous que moi ? »

1. Je décrypte

Depuis qu'il a pointé le bout de son nez, votre bébé *number two* est couvert de peluches et de doudous en tous genres... Tout le monde le gâte, et c'est parfaitement normal ! Votre premier enfant, qui se compare à lui, sent donc bien qu'en ce moment, sur la balance des cadeaux, il est largement déficitaire... et il vous le fait savoir ! Serait-il moins aimé que son cadet ?

2. Je le comprends et je recontextualise

Pour désamorcer cette comparaison qui lui cause du chagrin, rappelez-lui quelques points importants : « Je comprends que tu te sentes un peu jaloux de voir tous ces cadeaux à l'attention de ton petit frère, mais tu as été tout autant gâté lors de ta naissance. Parmi les doudous que tu as aujourd'hui, nombreux sont des cadeaux offerts à ta naissance. Ton frère a la même chance que toi, et je suis heureuse qu'il puisse grandir entouré de jolies peluches, tout comme toi. »

3. J'allège son sentiment d'injustice

Pour éviter que les rapports avec son cadet ne s'inscrivent dans une comparaison permanente, du type « il a trois jouets de plus que moi, c'est pas juste ! », rappelez-lui que c'est l'attention qui compte vraiment, et non le nombre de cadeaux. Dites-lui par exemple que chaque doudou a une histoire et que la personne qui offre un cadeau choisit exactement la peluche qu'il lui faut.

COMMENT CALMER SES PETITES (OU GRANDES) COLÈRES ?

COMMENT SE MANIFESTENT CES COLÈRES ?

Il lui arrive de serrer un peu (trop) fort son petit frère dans ses bras, il l'accuse d'avoir volé son doudou, il enchaîne bêtise sur bêtise et se met à vous répondre

WARNING !

Avant ses 3 ans, votre enfant n'a pas encore l'inhibition de l'action. Il suit ses impulsions et peut faire des gestes incontrôlables, comme taper ou embêter son petit frère... Veillez donc à ne jamais le laisser seul, même quelques minutes, avec le bébé.

de manière insolente... Il semblerait bien que votre aîné ait un message à vous faire passer, et celui-ci se manifeste par de la colère ! En fait, par son attitude, il cherche à provoquer chez vous une réaction pour avoir (enfin) votre précieuse attention ! Alors, comment faire pour calmer son émotion et le rassurer au mieux ?

VOTRE RÔLE EST PRIMORDIAL

Un trop-plein d'émotion à libérer

La colère permet à votre enfant d'évacuer son trop-plein d'énergie négative. Ce petit bébé lui « vole » l'attention que vous aviez pour lui, et il ne parvient pas à exprimer calmement sa frustration avec des mots... comme de nombreux adultes d'ailleurs !

Quand il s'énerve, c'est tout un enchaînement physique qui se met en branle. Il ressemble alors à une petite cocotte-minute difficile à contrôler ! Une fois la tempête passée, il aura tendance à se sentir coupable et pourra nourrir une colère plus grande si elle n'est pas écoutée et apaisée. Votre rôle de parent est alors primordial pour empêcher cet engrenage et apaiser son sentiment de frustration.

L'attitude à adopter (ou pas) quand il se met en colère

Ce qu'il est préférable de faire.	Ce qu'il est préférable d'éviter.	Pourquoi ?
 Garder votre calme même si votre enfant est en pleine crise de colère.	Crier plus fort que lui pour vous faire entendre ou bien lui crier dessus.	➡ En demandant à votre enfant de ne pas crier tout en criant vous-même, le message devient incohérent. Votre enfant a besoin de repères et de paroles qui ont du sens et qui le rassurent.
Rappeler fermement les règles en cas de gestes violents de sa part : « Tu n'as pas le droit de taper, ni moi, ni ton petit frère, ni toi-même, c'est interdit ! » 	Vous emporter vous-même en ayant des gestes brusques envers votre enfant : évitez par conséquent claques et fessées !	➡ En lui rappelant les règles clairement, vous rassurez votre enfant. En effet, si vous lui dites qu'il n'a pas le droit de faire du mal aux autres, vous lui transmettez dans la foulée le message que personne ne doit lui en faire aussi. ➡ Cela lui montre que vous le protégez également et ça le rassure.

Ce qu'il est préférable de faire.	Ce qu'il est préférable d'éviter.	Pourquoi ?
Lui parler seulement quand la tempête émotionnelle est passée (de son côté comme du vôtre) et lui proposer un petit coin dans le salon. 	Le punir instantanément sans réfléchir et l'isoler dans sa chambre sans explication.	➡ En laissant le calme revenir, vous prouvez à votre enfant l'importance de laisser reposer ses émotions avant de prendre des décisions. ➡ Données à chaud, les punitions sont généralement contre-productives, car elles n'amènent pas l'enfant à réfléchir à ses actes. ➡ D'autre part, isoler un enfant en colère peut avoir pour effet de décupler sa rage. En lui proposant de se calmer dans un coin calme proche de vous, vous le rassurez par votre présence. N'oubliez pas que la chambre est un espace dédié à la relaxation de votre enfant et à son sommeil, et non aux punitions.
Être pleinement disponible et à l'écoute pour discuter avec lui de ce qui vient de se passer.	Estimer que sa colère est un caprice et qu'il fait exprès d'être vilain pour obtenir de l'attention.	➡ Pour éviter aux petites colères de refaire leur apparition (trop) souvent, il est important de prendre le temps d'en discuter avec lui. En étant pleinement disponible pour lui, vous lui montrez que ses ressentis sont importants et que des solutions peuvent être trouvées pour qu'il aille mieux.
Reconnaître son émotion : « Je vois que tu es en colère ; rassure-toi, cela arrive à tout le monde de ne pas réussir à contenir ses émotions. »	Minimiser son émotion en lui disant qu'il en fait un peu trop pour si peu.	➡ Nier les émotions de votre enfant ne l'aide pas à avoir confiance en lui. En lui rappelant que vous acceptez sa colère (sans cautionner pour autant la violence des mots ou des actes), il se sent compris et aimé malgré tout.
L'aider à mettre des mots sur ce qu'il ressent quand il se met en colère contre vous ou contre son cadet.	Le culpabiliser sur les conséquences de son attitude : « Tu vois, à cause de toi... »	➡ En l'aidant à reconnaître son émotion, vous lui donnez la possibilité d'apprendre à la gérer avec plus d'autonomie la prochaine fois.

Ce qu'il est préférable de faire.	Ce qu'il est préférable d'éviter.	Pourquoi ?
Le rassurer sur votre amour et lui dire que vous savez bien que son comportement du moment ne reflète pas sa personnalité.	Dire des phrases définitives et stigmatisantes, comme « Tu es vraiment vilain », « Tu es méchant. »	➡ En lui affirmant que sa colère le définit en tant que personne vilaine ou mauvaise, votre enfant associe l'arrivée de ce bébé à quelque chose de négatif : il devient le méchant de la famille et il culpabilise. Veillez au maximum à détacher ce qu'il est (sa personnalité) de son comportement désagréable du moment.

LA BOÎTE À CRIS POUR CHASSER SA COLÈRE

Pris dans un sentiment incontrôlable de colère, votre enfant aura besoin de l'extérioriser au maximum. Il vous en veut parce que vous passez du temps avec le bébé ? Il est énervé parce que le sommeil de sa petite sœur l'empêche de faire du bruit avec ses copains ? Avant que sa tempête émotionnelle n'explose franchement, proposez-lui de crier... dans une boîte à cris !

En pratique

Armez-vous d'une vieille boîte de conserve vide, écrivez dessus « boîte à cris » et incitez tous les membres de votre petite tribu à venir crier dedans lorsque l'un d'eux se sent sous l'emprise d'une émotion très forte, comme la colère. L'objectif : sortir toute la mauvaise énergie dans cette boîte, puis aller la « vider » dehors pour la chasser de la maison !

Petite variante : proposez un « coussin des colères » à votre enfant. L'idée ? Quand il sent sa colère monter, il peut se saisir de ce coussin, le mettre devant lui et lever les mains très haut en inspirant très fort par le nez, puis les baisser d'un coup sur le coussin en expirant lentement par la bouche. Cette technique, inspirée du yoga, fait en sorte de ne pas associer la colère de l'enfant avec la violence, c'est pourquoi l'exercice de respiration est fondamental pour l'aider à détourner la violence et à expulser la colère de manière plus sereine.

QUIZ POUR APPRENDRE À RÉPONDRE À SES (PETITS) MENSONGES

Il existe plusieurs raisons pour lesquelles votre aîné déforme la réalité en accusant son cadet de ses propres petites bêtises... Parmi celles-ci, il y a notamment la peur de ne plus être aimé par ses parents et la volonté d'attirer l'attention sur lui. C'est la raison pour laquelle il accuse à tort son petit frère de lui avoir volé son jouet préféré ou bien il affirme que sa petite sœur lui a tiré la langue dans votre dos... En réalité, votre enfant cherche à être rassuré sur votre amour ! Votre mission : renforcer sa confiance en lui et lui expliquer qu'il peut vous parler sans tabou.

Pour vous inspirer des bonnes phrases à lui dire quand il sort un mensonge plus gros que lui, lancez-vous dans notre quiz !

Il vous dit : « Le bébé a cassé la lampe, c'est pas moi ! »

A. « Tu mens, comment veux-tu qu'il casse cette lampe alors qu'il est allongé dans son lit depuis tout à l'heure ? »

B. « Je te crois, mais cela me paraît un peu fou que cette lampe soit tombée pendant que ta petite sœur fait la sieste dans sa chambre. »

Bonne réponse : B
Plus vous montrerez à votre enfant que vous lui faites confiance et que sa parole n'est pas remise en doute, plus votre aîné cherchera à se montrer à la hauteur de vos attentes en vous disant la vérité. Si, en revanche, vous le qualifiez de menteur, il se persuadera qu'il en est un et cela l'encouragera à continuer : « Si papa pense que je suis un menteur, c'est qu'il doit dire vrai... Donc je vais continuer à mentir. » Attention en revanche à ne pas cautionner son mensonge et à lui faire comprendre que vous savez très bien que le bébé n'est pas responsable.

Il vous dit : « La maitresse a dit que j'étais le meilleur de tout l'univers et même que je deviendrai président de la République. »

A. « Ah oui ? En tout cas ; je suis très fière de tes progrès ! Continue comme ça et tu seras peut-être le futur président de la République ! »

B. « Dis donc, tu ne serais pas en train de mentir pour faire ton intéressant ? Je suis sûre que la maîtresse ne t'a pas dit ça ! »

Bonne réponse : A

Oui, votre enfant essaye de vous impressionner en inventant des propos élogieux de sa maîtresse. Cette petite crise d'ego signifie surtout qu'il a toujours besoin de se sentir important à vos yeux, et c'est le seul moyen qu'il a trouvé pour mobiliser votre attention. Ne tournez pas en ridicule ses tentatives de mise en avant ; au contraire, appuyez-vous sur toutes les jolies choses qu'il sait faire ! Il ne se sentira plus obligé d'en faire des tonnes pour lire l'admiration dans votre regard...

Il vous dit : « Ma petite sœur m'a dit qu'elle voulait manger toutes mes frites et rien me laisser. »

A. « Arrête de raconter des bêtises et finis ton assiette ! »

B. « Si c'est le cas, elle va avoir bien du mal à les croquer, sans dents... »

Bonne réponse : B

Quand votre enfant est tenté par un petit mensonge pour se positionner en victime et attirer l'attention de ses parents sur lui, le bon moyen pour désamorcer son propos est d'en rigoler ! Évitez de remettre en cause ce que votre enfant affirme (même avec aplomb !) car il a besoin de sentir que vous lui faites confiance. En revanche, nuancez ses propos en utilisant l'humour. Il s'en amusera s'il sent que vous ne vous braquez pas !

Mon mémo bienveillance

Ce qui pousse un enfant à persister dans le mensonge quand il se sent démasqué, c'est la peur de la punition. Exit les réprimandes ! Prenez le temps de comprendre pourquoi il a eu besoin de mentir et trouvez ensemble une solution pour que cela ne se reproduise plus.

COMMENT GÉRER SON (TROP) GRAND INVESTISSEMENT ?

S'INVESTIR AUPRÈS DU BÉBÉ, C'EST BIEN...

Depuis la naissance de son cadet, votre aîné prend son rôle de grand très (voire trop) à cœur : il le cajole sans cesse, s'inquiète pour lui au moindre de ses pleurs, se sent triste quand il s'éloigne... Bref, il semble vraiment concerné par son rôle de grand frère et ne fait pas dans la demi-mesure ! Et votre entourage est conquis par cette attitude : « Oh ! elle fait sa petite maman, c'est trop chou ! », « Mais on dirait un vrai papa avec le bébé, c'est adorable ! » Malgré cet excès de zèle, vous sentez bien qu'il est en train de prendre une place qu'il ne devrait pas avoir...

... MAIS GRANDIR COMME UN ENFANT, C'EST (BEAUCOUP) MIEUX

Le revers de la médaille ? Votre enfant se charge de responsabilités qui ne sont pas de son âge (et de son rôle) et il se met beaucoup de pression pour être à la hauteur. En creux ? Il tient à vous prouver qu'il est indispensable dans cette nouvelle configuration familiale et cherche votre confiance... et surtout votre amour. Votre rôle : l'aider à relâcher la pression en douceur et lui donner les clés pour qu'il puisse grandir à son rythme sans se sentir investi d'une quelconque mission auprès de son cadet, si ce n'est d'être un aîné bien dans ses baskets !

5 phrases à bannir !

Pour décharger votre aîné des trop grandes responsabilités qu'il prend avec son cadet, autorisez-le à grandir à son rythme en acceptant qu'il se comporte aussi comme un enfant ! Ce n'est pas parce qu'il est l'aîné qu'il n'a plus le droit de faire quelques petites bêtises, de réclamer des câlins à gogo ou même de parler comme un bébé, en bref de se comporter comme un enfant, quel que soit son âge !

Voici la liste des phrases qu'il est préférable d'éviter de lui dire :

- Maintenant que tu es grand...
- Mais voyons, ce n'est plus de ton âge, ça !
- Tu dois montrer l'exemple, désormais !
- Tu es responsable de ton petit frère (de ta petite sœur)...
- Arrête de faire le bébé, tu es grand, maintenant !

LE PLANNING POUR LE RECONNECTER À SES SENS

En se sentant responsable du bien-être de son cadet, votre aîné perd tout sens de la légèreté, si caractéristique de l'enfance ! Et si vous l'aidiez à reprendre contact avec son précieux monde imaginaire au quotidien ? Instaurez ensemble un petit planning 100 % légèreté...

Lundi : 5 minutes d'automassage du visage pour une journée zen

1. L'enfant fait de grands gestes circulaires du bout des doigts, de son front jusqu'à son cou.
2. Ensuite, il lisse chaque sourcil de l'intérieur vers l'extérieur, puis fait des petits mouvements circulaires autour des paupières.
3. Enfin, il prend chaque côté de son menton entre le pouce et les autres doigts, et tire de l'intérieur vers l'extérieur.

Le bénéfice : en se reconnectant à ses sensations corporelles, votre enfant se détend en douceur et apprend à ne pas négliger ses besoins et ses ressentis. Essentiel pour commencer la semaine !

Mardi : 5 minutes d'attention pleine aux bruits environnants pour apprécier le moment présent

1. Il s'assied confortablement sur un coussin ou un siège douillet.
2. Il ouvre ses oreilles à tous les sons autour de lui, les uns après les autres : le chat qui miaule, le bruit du vent sur les feuilles, la machine à laver qui tourne...
3. Il prend ensuite conscience de chacune des parties de son corps les unes après les autres : comment il est installé, comment est positionné son dos, quelles sensations dans son ventre...

Le bénéfice : apprécier le moment présent permet de se détacher de ses petites angoisses et de ses projections. Avec ce petit exercice, votre aîné est attentif à ce qui se passe autour de lui et en lui. Cela lui permet de savourer un moment de calme, où il ne pense qu'à lui, rien qu'à lui !

Mercredi : 5 minutes de mouvements libres pour relâcher la pression

1. Debout, les pieds bien ancrés au sol, l'enfant détend son corps en inspirant et en expirant profondément trois fois d'affilée.
2. Ensuite, il sautille sur place comme un pantin totalement désarticulé : les épaules se relâchent, la tête est souple, les bras sont tout mous.
3. Dès qu'il se sent détendu, il arrête de sautiller, il s'allonge au sol (sur une couverture, un plaid, un tapis...) et il respire profondément

Le bénéfice : en s'autorisant à être léger et libre, votre aîné met de côté ses petites responsabilités de grand frère. Il profite pleinement d'un moment de relâche rien que pour lui et il s'amuse (et se détend) au maximum. N'hésitez pas à le faire à deux pour plus de complicité !

Jeudi : 5 minutes de « mou-mou » pour se faire cajoler comme une peluche

1. L'enfant imagine être sa peluche préférée.
2. Il fait en sorte d'être aussi moelleux qu'elle : il lève le bras mollement, bouge la tête mollement, puis le genou, etc.
3. Il demande à son papa ou à sa maman de lui faire un gros câlin tout doux.

➡ **Le bénéfice :** votre aîné a besoin de se sentir cajolé comme quand il l'était tout petit... Le temps de cet exercice rigolo, il devient une petite peluche toute douce qui se fait chouchouter et câliner par son papa et sa maman. Ce jeu lui permet de comprendre que lui aussi a besoin qu'on prenne soin de lui !

Vendredi : 5 minutes pour dépoussiérer son corps des mauvaises énergies

1. Debout, l'enfant respire 3 fois amplement par le nez et souffle 3 fois jusqu'au bout par la bouche.
2. Du haut de la tête jusqu'aux pieds, il passe sa main sur son corps, comme s'il balayait de la poussière invisible.
3. Une fois le « ménage » effectué, il s'allonge sur le sol et respire amplement en fermant les yeux.

➡ **Le bénéfice :** en fin de semaine, votre enfant a cumulé des bonnes mais aussi des mauvaises énergies. Pour le décharger de son trop-plein émotionnel et lui permettre de se recentrer sur ses propres besoins, cet exercice de dépoussiérage est idéal !

Samedi : 5 minutes d'imagination pour se laisser porter

1. Proposez à votre enfant de s'allonger dans l'herbe (du parc, du jardin...).
2. Il observe les nuages et dit la première forme qui lui vient à l'esprit (par exemple, une girafe, une étoile, un bateau...).
3. Il s'imagine grimper sur cette forme moelleuse et sauter de nuages en nuage.

➡ **Le bénéfice :** votre aîné a besoin de se reconnecter à son univers enfantin, et l'imagination joue un rôle essentiel dans son bon développement ! Elle participe à son bien-être émotionnel et le décharge des tensions qui peuvent accompagner ses nouvelles responsabilités de grand frère ou de grande sœur.

Dimanche : 5 minutes d'imitation d'animaux pour s'amuser

1. Votre enfant imite le papillon qui déploie ses ailes.
2. Il imite la girafe qui étire son cou.
3. Il imite le lion qui rugit.
4. Il imite...

➡ **Le bénéfice :** cet exercice, toujours dans l'idée de s'amuser et de se laisser porter par son imagination, permet à votre enfant de sortir de son rôle de grand pour s'imaginer dans la peau d'un animal... et s'amuser comme un petit fou !

COMMENT APAISER SON SENTIMENT DE TRISTESSE ?

QUAND VOTRE ENFANT A DU CHAGRIN...

Depuis quelque temps, vous constatez un changement notable dans le comportement de votre enfant. Lui qui était si gai et enthousiaste, il n'a plus envie de s'amuser avec ses copains, il picore à peine dans son assiette et il passe beaucoup de temps tout seul dans sa chambre... Et s'il traversait une phase de tristesse depuis l'arrivée de son cadet à la maison ? Certains changements notables dans le cadre de vie de votre enfant (comme le divorce des parents, un déménagement, un changement d'école, l'arrivée d'un bébé à la maison, la perte d'un proche...) sont susceptibles d'affecter son attitude.

Halte aux clichés !

Attention, la tristesse ne se traduit pas toujours par un repli sur soi... Elle peut aussi se manifester par une hyperactivité soudaine : l'enfant parle en continu, mange excessivement, a des difficultés à trouver le sommeil, semble anxieux à la moindre contrariété...

ÊTRE TRISTE, ÇA FAIT (AUSSI) PARTIE DE LA VIE

Eh oui, il n'y a pas que les adultes qui peuvent avoir un petit coup de mou ! Malgré leur jeune âge, les enfants peuvent aussi être confrontés à des émotions difficiles à traverser. La tristesse, qui fait partie de l'apprentissage de la vie, leur permet notamment d'apprécier plus fortement les moments de joie. À l'arrivée d'un nouveau bébé à la maison, votre enfant peut avoir besoin de se replier quelque temps sur lui-même pour accepter le changement et retrouver en douceur son énergie d'antan... Votre rôle est important pour l'aider à traverser cette phase sereinement, sans se sentir sous pression. Au menu ? Patience et écoute active !

QUAND S'INQUIÉTER ?

Si vous constatez que la tristesse de votre enfant se transforme en vraie déprime et s'installe dans le temps, n'hésitez pas à consulter votre pédiatre pour faire un bilan de santé et un pédopsychiatre pour vous aider à l'accompagner au mieux dans cette période sensible de transition.

3 attitudes en or pour accompagner sa tristesse

✳ **Rester zen...** Bien entendu, vous êtes préoccupé par le changement de comportement de votre enfant et vous aimeriez qu'il retrouve son précieux sourire et son énergie débordante. Pour autant, il serait contre-productif de tout faire pour qu'il aille mieux illico presto en le forçant à parler ou à faire des activités à gogo. Relativisez son état et acceptez qu'il ait besoin d'un peu de temps pour intégrer (et digérer) les événements à son rythme. De plus, si votre enfant vous sent anxieux face à la situation, il aura tendance à se renfermer sur lui-même ou bien à surjouer une émotion (comme la joie) qu'il ne ressent pas réellement.

✳ **Se rendre disponible et attentif...** Naturellement, l'arrivée du bébé vous demande beaucoup de temps. C'est pourquoi il sera important d'aménager des moments de qualité avec votre aîné. L'objectif ? Ne pas le bombarder de questions sur ses sentiments mais le laisser venir à vous, à son rythme. Une discussion anodine peut bien souvent révéler de précieuses informations sur son état d'esprit, et cela vous donnera les clés pour l'accompagner au mieux. Gardez les oreilles ouvertes !

✳ **Parler de vos propres émotions...** Sans pour autant vous livrer sur l'ensemble de vos préoccupations, n'hésitez pas à faire part à votre enfant de vos émotions, notamment quand vous vous sentez triste. Rappelez-lui que la tristesse fait partie de la palette des émotions de la vie et qu'il vous arrive aussi de pleurer. Il n'y a pas de honte à se sentir submergé par la tristesse quand elle arrive, mais rassurez-le sur le fait que cette émotion est transitoire et qu'il peut compter sur vous pour en parler.

La boite à outils anti-chagrin

Si votre aîné est réticent à vous parler de sa tristesse et qu'il préfère s'isoler pour gérer tout seul son émotion, proposez-lui une boîte à tristesse. Le but : dessiner ou écrire avec lui toutes les solutions qu'il imagine pour chasser son chagrin et les glisser dans cette fameuse boîte, qui devra toujours lui être accessible, dans sa chambre ou dans un espace à sa hauteur par exemple. Dès lors que votre enfant manifeste de la tristesse, dégainez la boîte anti-chagrin et laissez-le piocher au hasard un outil qui l'aiderait.

Je m'enroule dans un plaid tout doux et je fais une cabane rien qu'à moi en dessous.

Je dessine ma tristesse, puis je déchire le dessin en mille morceaux.

Je fais un câlin très fort à ma peluche préférée.

Je fais rouler une balle en mousse sur mon corps pour chasser la tristesse.

Je lis un livre rigolo.

Je ferme les yeux et je repense à un moment merveilleux.

Je raconte mes secrets à mon doudou préféré.

J'écoute une musique qui m'apaise.

Il pleure toutes les larmes de son corps ? Ce n'est pas grave... au contraire !

Pour accueillir au mieux le sentiment de tristesse de votre enfant, permettez-lui de pleurer autant qu'il le souhaite s'il en ressent le besoin. C'est essentiel pour décharger ses petites tensions et cela contribue également à la maturation de son cerveau. Votre présence bienveillante et votre écoute feront le reste pour apaiser ses larmes de crocodile !

La marionnette 100 % confiance en soi

Quand votre enfant a du chagrin, cela signifie qu'il est en perte de vitesse sur le plan de la confiance en lui… Aussi, pour l'aider à rebooster rapidement son estime de lui, proposez-lui ce petit exercice de marionnette 100 % positive !

- Mettez-vous tous les deux debout, face au miroir, vous derrière votre enfant, et dites-lui qu'un fil transparent est accroché au milieu de son buste et que vous allez le monter très lentement au-dessus de sa tête, de quelques millimètres seulement.
- En même temps que vous ferez ce mouvement de marionnettiste, votre enfant devra suivre en douceur le fil qui monte tout en redressant ses épaules, son torse, son menton, puis sa tête.
- Demandez-lui ensuite comment il se sent dans cette nouvelle posture plus affirmée… Il y a fort à parier qu'il se sentira beaucoup plus confiant !
- N'hésitez pas à lui proposer de refaire tout seul ce mouvement à chaque fois qu'il ressent de la tristesse et qu'il se recroqueville sur lui-même.

Le pouvoir du bracelet stop-chagrin

Si votre enfant rechigne à vous confier ce qui le tracasse, vous pouvez tout de même l'aider à se libérer de ses émotions ! Pour ce faire, proposez-lui de réaliser un petit bracelet « stop-chagrin ». L'objectif ? Qu'il puisse dire tout ce qui le préoccupe à ce petit objet transitionnel « magique », que vous aurez confectionné ensemble et qui l'aidera à apaiser sa tristesse.

- Réalisez ensemble un bracelet stop-chagrin avec du fil de couleur, des perles ou encore des paillettes…
- Demandez-lui de le garder visible sur son poignet et de le regarder dès qu'il ressent de la tristesse. Dites-lui : « Ce bracelet stop-chagrin a le pouvoir de te redonner le sourire quand tu te sens inquiet et malheureux. »
- Proposez-lui de chuchoter à son bracelet magique toutes les pensées tristes qui le traversent.
- Poursuivez : « Dès que tu le regardes, rappelle-toi que maman et papa t'aiment très fort et qu'ils ont confiance en toi. »

La respiration de la locomotive

Pour que votre enfant parvienne à extérioriser ses petites émotions négatives et retrouve rapidement le *smile*, proposez-lui un exercice de respiration 100 % efficace.

- Dites-lui de s'asseoir le dos bien droit dans un siège confortable. Il faut qu'il se sente bien !
- « Prends 3 inspirations rapides par le nez, comme le ferait une petite locomotive » (dans l'idée, cela ressemble au même bruit que lorsque votre enfant a le nez bouché et qu'il renifle).
- « Expire par la bouche en faisant un grand Aaaaaah !
- « Recommence trois fois d'affilée. »
- « À chaque fois que tu ressens de la peine, utilise cette respiration de la locomotive pour apaiser ton chagrin. »

Chapitre 4

Trois routines express pour souder la fratrie

Gérer sa petite tribu au quotidien est un défi de tous les instants ! Votre aîné, qui est désormais rassuré sur sa place dans cette nouvelle configuration familiale, prend de nouvelles responsabilités (il fait son grand et en est très fier !), tandis que votre petit dernier tente de s'autonomiser et de trouver ses marques dans la famille... Cela provoque petites et grosses crises, et vous positionne dans le rôle pas vraiment agréable d'arbitre. Comment trouver des solutions simples et justes pour tout le monde et rabibocher vos enfants tout en dopant, au passage, leur complicité et leur plaisir à vivre ensemble ? Plongez dans nos 3 routines pratiques pour accompagner vos enfants à devenir des alliés pour la vie !

VOTRE ROUTINE SPÉCIALE COMPLICITÉ

Tous les parents rêvent d'un foyer harmonieux où les enfants jouent dans le calme et où les échanges sont doux, constructifs et aimants... Pourtant, la réalité n'est pas comme dans les films, et heureusement d'ailleurs, car on s'ennuierait beaucoup trop ! Vos enfants vont devoir apprendre à cohabiter en se respectant l'un et l'autre... et à s'écouter vraiment. À la clé, une meilleure compréhension des besoins de chacun et une complicité renforcée.

Question de timing...

La rivalité dans la fratrie apparaît rarement juste après la naissance du deuxième bébé... Elle survient plutôt quand le cadet a autour 6 mois, car celui-ci s'éveille peu à peu et s'impose davantage comme une personne à part entière.

LA COMPLICITÉ NE VA PAS (TOUJOURS) DE SOI...

Ce n'est pas toujours la complicité qui prédomine dans les rapports entre frères et sœurs, mais rassurez-vous, c'est tout à fait normal ! À la place, la rivalité pour obtenir l'exclusivité de l'amour parental fait partie du lot de toutes les fratries. Devenir complices, ça se travaille, ça se crée et ça se développe à force de patience et d'écoute mutuelle. Et c'est à vous, parents, qu'il revient de favoriser cet environnement bienveillant, via notamment des petits jeux coopératifs. Évitez au maximum les activités qui mettent vos enfants en compétition (il y en a déjà bien assez dans le monde extérieur...) et favorisez plutôt leur collaboration !

Tout le monde est gagnant !

Avant de vous lancer dans cette routine spéciale complicité, rappelez à vos enfants qu'il n'y a pas de gagnant à l'issue de ces petits jeux. L'objectif principal est de collaborer tout en s'amusant.

LA BOÎTE À COMPLIMENTS

C'est quoi ? Il s'agit d'une boîte déposée dans un lieu accessible à vos deux enfants (entre leurs chambres, par exemple) et dans laquelle ils peuvent déposer à la fin de chaque semaine un petit bout de papier sur lequel ils inscrivent – ou dessinent, pour les plus petits – une gentille chose concernant l'attitude de leur frère ou de leur sœur. En fin de semaine, dans un moment de calme, prenez le temps de dépouiller ensemble cette boîte à compliments.

Comment ?

* Prenez une boîte de céréales vide (ou une boîte à chaussures) et customisez-la avec vos enfants. Perles, photos, dessins, peinture... Chacun apporte sa touche ! À la fin, inscrivez sur la tranche « boîte à compliments ».
* Découpez un rectangle sur le dessus de la boîte pour pouvoir y glisser des petits mots doux !

Les bénéfices ? La boîte à compliments permet aux enfants de se remercier des petits actes gratuits et sincères du quotidien. Ces petits billets doux leur permettent de réaliser qu'ils sont bienveillants l'un envers l'autre, et cela renforce leur complicité et leur solidarité.

LES JEUX DU CIRQUE

C'est quoi ? Il s'agit d'une journée (le week-end ou un mercredi après-midi, par exemple) dédiée à l'amusement grâce à la mise en place d'un spectacle de cirque réalisé par vos enfants pour toute la famille ! Pendant une semaine, ils s'organisent pour vous préparer un show digne de Bouglione où chacun pourra révéler ses compétences et ses talents dans un esprit de collaboration et d'amusement !

Comment ?

✳ Une semaine avant la date retenue pour cette fameuse journée cirque, aidez vos enfants à préparer les accessoires qui serviront à la mise en place de leur spectacle : des chaussettes (bonnes à jeter) qu'ils peuvent décorer avec de la colle, des paillettes, des fils de coton, pour les faire ressembler à des marionnettes, des ballons de baudruche remplis de grains de riz pour faire des balles de jonglage, des assiettes en carton sur lesquelles vous pourrez peindre des têtes d'animaux, des boîtes à œufs pour créer des nez de clown… Laissez parler votre imagination !

✳ Une fois les accessoires préparés, proposez à vos enfants de réaliser des petits spectacles qui leur permettront de dévoiler leurs talents tout en collaborant. Votre aîné est fort en imitation ? Il pourra mimer le lion et son cadet sera le dresseur ! Votre petit dernier adore jouer avec les balles ? Proposez-lui de lancer ses boules de jonglage dans un seau que son grand frère se chargera de vider au fur et à mesure… Vos deux petits aiment faire les clowns ? Laissez-les choisir des personnages rigolos et mettre en scène un petit sketch qu'ils interpréteront ensemble devant vous !

Les bénéfices ? En laissant vos enfants chercher une manière amusante de collaborer pour réaliser ce petit spectacle, vous leur offrez l'opportunité de s'affirmer dans un domaine qui leur plaît et vous pouvez les valoriser en les félicitant pour leur sens de la coopération. Le mot d'ordre de ces jeux de cirque maison : la collaboration… sans esprit de compétition !

DIY nez de clowns

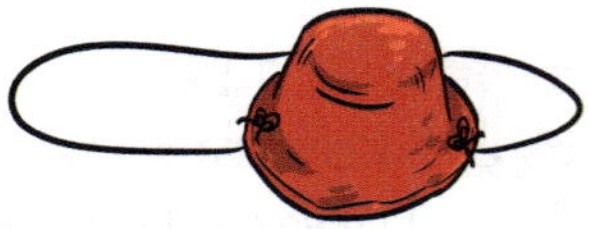

1. Munissez-vous d'une boîte à œufs vide et supprimez le couvercle.
2. Peignez en rouge l'extérieur de l'autre partie.
3. Laissez sécher, puis découpez les alvéoles.
4. Percez deux petits trous à l'opposé l'un de l'autre sur les côtés à l'aide d'un stylo à bille.
5. Glissez dans les trous un cordon élastique suffisamment long pour maintenir le nez rouge sur la tête de votre enfant et nouez les extrémités.

LE MOIS DES DÉFIS DES PETITS CUISTOTS

C'est quoi ? Ce défi, à proposer une fois par semaine pendant un mois, permet à vos enfants de s'associer pour élaborer ensemble une recette gourmande dont vous serez les testeurs avertis. Objectif : faire le jury à la fin du repas en leur attribuant des points (type gommettes) pour rétribuer leur sens de la collaboration, de l'originalité, mais aussi du goût !

Comment ? Concrètement, donnez-leur un thème de recette tout simple (par exemple, faire la tour Eiffel avec des coquillettes déjà cuites par vous, du jambon, du fromage râpé…). Attention à adapter la recette à l'âge des enfants et à leur donner des ustensiles faciles à utiliser (*exit* les couteaux tranchants, les casseroles à mettre sur le feu…). Quoi qu'il en soit, restez à proximité.

Les bénéfices ? Pour ravir vos papilles, vos enfants vont devoir collaborer et faire appel au talent de chacun pour créer cette assiette unique et gourmande ! Pour que personne ne prenne le dessus, répartissez les tâches clairement : Théo fait la déco dans l'assiette, Nina fait le mélange dans le saladier… Chaque semaine, vos petits cuistots se perfectionnent ensemble pour augmenter leurs notes auprès du jury, à savoir vous ! C'est une activité qui renforcera en deux temps trois mouvements le sentiment de fierté qu'ils se portent l'un à l'autre.

LA « CHAMPION DU MONDE PARTY »

C'est quoi ? C'est un petit jeu où vous vous autoproclamez champion du monde dans une activité du quotidien et où vous défiez vos enfants, qui doivent faire équipe contre vous.

Comment ?

✳ Par exemple, lancez le défi « champion du monde du lancer de chaussettes dans le panier de linge sale » et positionnez-vous en tant que winner pour stimuler leur envie de vous dépasser.

✳ Dites-leur qu'ils constituent une équipe à eux deux et qu'ils peuvent s'entre-aider : par exemple, votre grand donne des indications au petit pour diriger son tir, et ce dernier peut rouler les chaussettes en boules compactes pour que le lancer soit plus précis.

✳ Soyez fair-play et essayez de les laisser gagner régulièrement, tout en affectant d'être agacé par votre échec face à une équipe aussi forte !

Les bénéfices ? En s'associant contre vous, les enfants se rapprochent indéniablement. En effet, ils vont apprendre à se dépasser et à mutualiser leurs forces pour vous battre et remporter le jeu ! Faites-le régulièrement pour que vos enfants prennent l'habitude de collaborer tout en s'amusant…

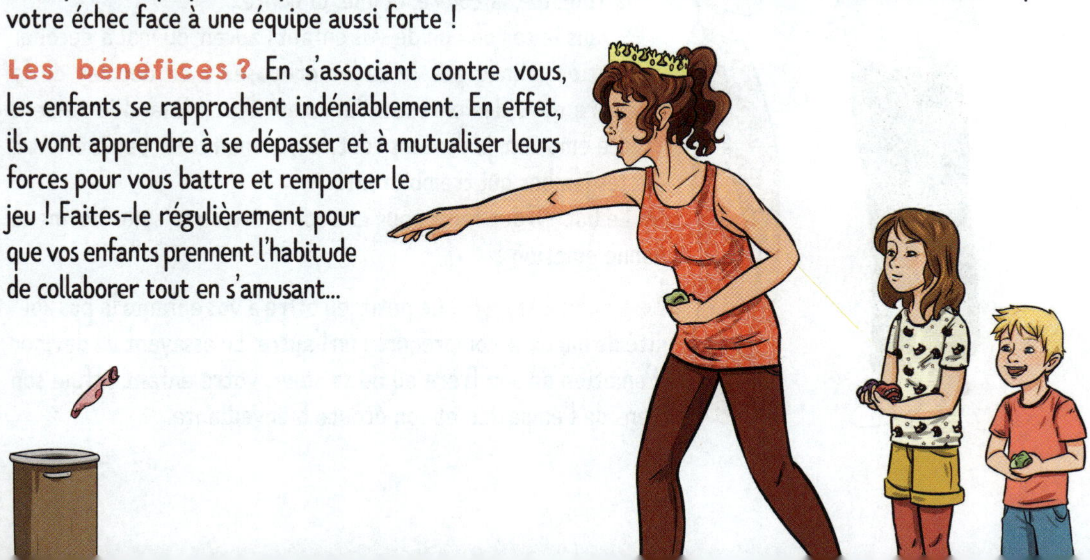

LE LEGO DE LA SOLIDARITÉ

C'est quoi ? Un jeu d'équilibre qui demande très peu de matériel et d'organisation, et qui met très simplement en avant le principe de solidarité.

LE POUVOIR DU QUOTIDIEN

Le jeu du champion du monde peut se décliner sur de nombreuses activités, alors n'hésitez pas à les défier dans toutes les petites occupations amusantes de votre quotidien !

Comment ?

✳ Proposez à vos enfants de poser un Lego® (ou un Kapla®) sur la tête et dites-leur que cet objet leur permet d'avoir de l'énergie, un peu comme une pile.

✳ Dites-leur que, si cette fameuse pile tombe par terre, ils ne pourront plus bouger : leur batterie sera à plat.

✳ Le seul moyen pour retrouver de l'énergie ? Que l'autre joueur – qui a aussi un Lego sur la tête – ramasse le Lego tombé et le remette sur la tête de son frère ou de sa sœur.

✳ Objectif ? Aider l'autre, qui pourra aussi venir en aide à son coéquipier en cas de besoin.

Les bénéfices ? En apprenant à se dépanner pour avancer, vos enfants apprennent l'importance de la cohésion et se montrent bienveillants l'un envers l'autre.

LE MIME DES ÉMOTIONS

C'est quoi ? Il s'agit d'un jeu de mime où vos enfants apprennent à décoder les différentes émotions (joie, peur, colère, honte, tristesse, excitation…) et se mettent en empathie l'un avec l'autre.

Comment ?

✳ Dans un laps de temps précis, demandez à vos enfants de mimer à tour de rôle des émotions qu'ils connaissent, comme la timidité, la colère, la joie, la honte…

✳ Dans le cas où l'un de vos enfants aurait du mal à décoder l'émotion mimée par le cadet proposez à ce dernier de la décrire avec des phrases. Par exemple : « Quand je ressens cette émotion, je deviens tout rouge, mon cœur bat très vite, j'ai les jambes qui tremblotent… »

✳ Le but ? Tout faire pour que son frère ou sa sœur devine la bonne émotion !

Les bénéfices ? Ce petit jeu offre à vos enfants la possibilité de mieux se comprendre l'un l'autre. En essayant de deviner l'émotion de son frère ou de sa sœur, votre enfant affine son sens de l'empathie et son écoute bienveillante.

Bye-bye les comparaisons toxiques !

La comparaison nourrit la rivalité au détriment de la complicité, c'est pourquoi il est préférable d'éviter au maximum de pointer les succès de l'un de vos enfants en mettant en relief les manquements de l'autre… « Tu devrais faire comme ta sœur, qui est si patiente… », « Tu devrais prendre exemple sur ton frère, qui adore la poésie »… Ces petites phrases, qui peuvent paraître anodines, ont malheureusement pour effet d'entraver la construction identitaire des enfants et de les inciter à se construire par rapport à votre jugement plutôt que de se concentrer sur leur identité propre. Soyez plutôt attentif à mettre en valeur les qualités qui caractérisent chacun de vos enfants, car ce sont des forces qu'ils peuvent travailler. Certes, votre fille n'est peut-être pas adroite comme son grand frère, mais elle n'a pas son pareil pour vous faire exploser de rire !

LE DESSIN DOS À DOS

C'est quoi ? Un défi, à faire à deux, qui consiste à être à l'écoute de son frère ou de sa sœur pour réaliser le dessin le plus précis possible.

Comment ?

✳ Imprimez des dessins simples et adaptés aux capacités de compréhension de vos deux enfants, puis demandez-leur de s'asseoir dos à dos.

✳ Donnez à l'un de vos enfants le dessin imprimé et à l'autre une feuille blanche, des crayons de couleur et un grand livre rigide pour faire support de la feuille.

✳ Demandez ensuite à celui qui a le dessin imprimé sous les yeux de le décrire le plus précisément possible pour permettre à l'autre joueur de le dessiner sur la feuille blanche.

✳ Si vos enfants sont plus âgés, corsez un peu les choses : demandez à celui qui a la feuille blanche de poser des questions à celui qui a le dessin entre les mains. Ce dernier ne doit répondre que par oui ou par non.

Les bénéfices ? Apprendre à bien s'écouter pour avancer en équipe, tel est l'objectif de ce petit jeu ! Vos enfants doivent apprendre à se faire confiance pour répondre au défi. N'hésitez pas à intervenir subtilement pour aiguiller le petit dessinateur s'il se trouve en difficulté.

VOTRE ROUTINE SPÉCIALE HAPPY FAMILY

Vos enfants ont désormais de nombreuses clés en leur possession pour doper leur complicité au quotidien sans avoir besoin (ou presque) de votre intervention… Alors comment continuer à vivre ce sentiment de confiance avec tous les membres de votre petite tribu ? En dégainant cette routine spéciale *happy family*, vous leur offrez – sans vous oublier… – des espaces de recharge en famille pour booster le bonheur d'être ensemble. C'est l'assurance de grandir sereins et confiants tous ensemble !

LA FORCE D'UNE FAMILLE, C'EST LA COMPLÉMENTARITÉ

On aurait bien tort de croire que le ciment qui lie les membres d'une famille est constitué des qualités que tous partagent ! Au contraire, ce qui fait l'union entre tous, c'est la complémentarité. Les différences des uns et des autres sont les fondations d'une belle équipe, car chacun peut se reposer sur les forces de l'autre tout en faisant valoir les siennes. Par exemple, la force de votre cadet renforce une difficulté rencontrée chez l'aîné, et inversement ! Dans cette routine *happy family*, n'hésitez pas à valoriser les points forts de chacun pour faire émerger une belle complémentarité !

LE SAC À SOUVENIRS

C'est quoi ? C'est un jeu d'imagination qui nécessite simplement un large sac opaque dans lequel chacun glisse un ou plusieurs objets souvenirs qui concernent toute votre petite famille : par exemple, le premier dessin que vos enfants ont réalisé à deux, une décoration achetée pendant vos vacances d'été en famille, une photo de mamie et papi quand ils étaient plus jeunes, le bracelet de maternité des enfants... N'hésitez pas à y mettre tous les objets susceptibles de faire remonter des souvenirs, aussi bien chez vous que chez vos enfants.

PAPI ET MAMIE À LA RESCOUSSE !

N'hésitez pas à associer les grands-parents à ces moments de partage de souvenirs. Ils seront ravis eux aussi d'apporter leurs anecdotes, et cela resserrera le lien entre eux et vos petits...

Comment ?

* Tirez tour à tour un petit objet du sac à souvenirs, sans regarder dedans.
* Une fois que chacun a tiré un objet, il raconte aux autres ce qu'il lui remémore.
* Si votre enfant ne connaît pas l'histoire liée à l'objet qu'il a pêché, demandez à son frère ou à sa sœur de la lui raconter. À défaut, ce sera à vous de relater à vos enfants le souvenir mémorable associé à cet objet.

Les bénéfices ? En partageant les souvenirs les plus mémorables de votre famille, vous apprenez à mieux vous connaître et vous valorisez vos souvenirs communs... avec à la clé beaucoup d'émotions partagées et de la rigolade assurée !

L'ÉVENTAIL DES QUALITÉS

C'est quoi ? Un petit jeu où chaque membre de la famille écrit ou dessine sur une feuille blanche une qualité à propos des autres membres de la famille. À la fin, chacun se trouve doté d'un éventail de ses super-qualités, qu'il peut brandir quand il le souhaite pour se sentir bien.

Comment ?

* Sur une feuille blanche préalablement pliée en éventail, chacun dessine ou écrit tour à tour quelque chose sur une tranche de la feuille à propos d'une personne de la famille, en prenant bien soin de replier la feuille après avoir écrit son petit mot.
* Faites-le pour chacun des membres de votre tribu.
* Une fois que tout le monde a mis son mot ou son dessin sur les tranches de la feuille, dépliez-la (elle ressemble désormais à éventail !) et découvrez ensemble les jolies qualités attribuées à chacun.
* Chacun repart avec son éventail, qui fait du bien au moral !

Les bénéfices ? Le jeu de l'éventail fait émerger le positif de chacun des membres de votre famille ! Tout le monde se reconnaît des points forts, et l'énergie positive de toute votre tribu est dopée.

LA DANSE DU PANTIN DÉSARTICULÉ

C'est quoi ? Une succession de mouvements semblables à ceux d'un pantin désarticulé à faire tous ensemble – et en musique s'il vous plaît – pour s'amuser comme des p'tits fous !

Comment ?

* Demandez à tous les membres de votre famille de se réunir au milieu de la pièce.
* Chacun doit se mettre dans la peau d'un polichinelle tout mou : on laisse aller sa tête, ses jambes, ses bras, ses épaules, ses mains dans tous les sens... un peu comme si les articulations et les muscles étaient tout ramollis.
* Mettez une musique dynamique que tout le monde apprécie et dansez comme des petits pantins à travers la pièce : sur le canapé, autour de la table basse, derrière les rideaux... Amusez-vous à danser partout et, surtout, dans n'importe quelle position !
* Ensuite, allongez-vous tous ensemble sur le sol (sur un tapis confortable de préférence) et prenez soin de respirer profondément.
* Essayez de visualiser les sensations qui vous traversent : la chaleur qui parcourt vos membres, le cœur qui bat la chamade, le visage qui est tout chaud, les fourmis dans les pieds... Décrivez à haute voix vos sensations corporelles et partagez vos émotions du moment : bien-être, soulagement, fatigue, excitation...

Les bénéfices ? En mobilisant le corps de cette manière, chacun décharge les petites tensions qu'il a accumulées dans la journée… Cette activité permet surtout de partager un moment de folie qui fait du bien et qui amuse tout le monde !

LE JEU DE L'OIE PERSONNALISÉ

C'est quoi ? Il s'agit d'un jeu de l'oie à créer en famille et qui s'étale sur un mois. Les joueurs ne sont pas des adversaires ; au contraire, ils forment une seule et même équipe. Chaque jour, les dés sont lancés et une nouvelle mission à réaliser ensemble doit être effectuée. Une fois que la dernière case du jeu est atteinte, toute la famille gagne une récompense qu'elle aura elle-même choisie en amont.

Comment ? Le DIY jeu de l'oie familial

* Dans un large carton carré, dessinez une grande spirale de 31 cases. Au centre de cet « escargot », collez une petite photo de votre famille !
* Découpez dans du papier cartonné 31 cartes de la taille des cases dessinées.
* Réfléchissez en famille au contenu des cartes que vous allez coller sur le plateau pour en faire des cases. Il vous faut 10 cartes « 100 % plaisir », 9 cartes « Mission challenge », 10 cartes « Grosse rigolade », 1 carte de case de départ et 1 carte de case d'arrivée avec la récompense à atteindre. **Cartes « 100 % plaisir » :** quand on tombe sur une de ces cases en lançant les dés, on se lance dans une activité qui plaît à tout le monde : faire un bon repas ensemble, aller au cinéma voir un dessin animé, faire une sortie au parc, préparer un gâteau, faire un câlin collectif… **Cartes « Mission challenge » :** ce sont des cases qui demandent de fournir des efforts tous ensemble, comme trier les vieux cartons de jouets du grenier pour les donner, préparer une brocante en famille, classer les photos dans un album… Quand on tombe dessus, on s'engage à réaliser cette activité tous ensemble au cours de la journée. **Cartes « Grosse rigolade » :** il s'agit de cases dédiées à l'amusement, par exemple 5 minutes de danse folle dans le salon, une partie de chatouilles, un jeu de mime… Quand on tombe dessus, on s'engage à réaliser cette activité tous ensemble au cours de la journée. **La carte de départ** peut représenter un dessin de votre famille, et **la carte d'arrivée**, qui est celle de la récompense à

KEEP COOL

Nul besoin d'une organisation conséquente au quotidien pour se lancer dans les défis de vos cartes lorsque vous tombez dessus : 5 à 10 minutes suffisent pour relever la mission ensemble !

la fin du jeu, concerne une activité que vous aurez choisie ensemble et qui fait plaisir à tout le monde, comme une sortie dans un parc d'attractions, un restaurant délicieux, un week-end à la mer...

* Chaque jour, on tire une carte et, quelle qu'elle soit, on s'engage à réaliser cette activité tous ensemble au cours de la journée.

Les bénéfices ? Inspirée du jeu de l'oie, cette activité 100 % familiale vous permet de vivre des moments collectifs autour du partage et de la bonne humeur. L'objectif principal est de resserrer les liens qui vous unissent autour d'activités ludiques !

LA RESPIRATION VENTRE À VENTRE

C'est quoi ? Si votre enfant apprécie le contact, proposez-lui cet exercice de respiration ventrale, qui se pratique à deux, pour partager un moment de pure tendresse. Vos deux enfants peuvent également pratiquer cette respiration ventrale ensemble s'ils le souhaitent !

Comment ?

* Votre enfant s'assied au calme, tout contre vous, son ventre contre le vôtre.
* Enveloppez-le de vos bras...
* Une fois dans cette position pleine de douceur, veillez à ce que vos respirations s'accordent et qu'elles soient en rythme. Respirez ensemble lentement et profondément.
* Restez dans cette position quelques minutes. Effet apaisant immédiat !

Les bénéfices ? Cette respiration vous offre un moment de complicité unique avec l'un de vos enfants et vous permet de partager une belle complicité. À pratiquer sans modération !

Prendre du temps à deux, tout simplement... c'est important !

Reconnaître que chaque enfant est unique passe aussi par la mise en place d'un temps dédié en tête à tête. Ces petits moments de partage avec le parent permettent à l'enfant de renforcer son sentiment d'exister et d'être unique. Dès lors, les liens fraternels sont plus à même de se tisser, car chacun se sent reconnu et apprécié pour ce qu'il est...

LES CARTES DU CŒUR

C'est quoi ? Un jeu de 15 cartes avec une roue à fabriquer pour laisser parler les émotions et le cœur de chacun des membres de la famille. Chacun à son tour, les joueurs retournent une carte du jeu (elles seront posées en tas, face cachée, au centre de la table) et font tourner la flèche de la roue.

Lorsque la flèche de la roue s'est arrêtée sur le visage (ou le prénom) d'une personne, le joueur lit à voix haute la carte qu'il a piochée ou se la fait lire par son parent, puis il répond à la question inscrite dessus. Attention, avant de jouer, rappelez bien à toute votre petite tribu qu'il n'y a pas d'obligation à répondre aux questions et que tout le monde peut utiliser un ou plusieurs jokers pour passer son tour s'il ne se sent pas à l'aise. Bien entendu, cette activité se fait dans une atmosphère bienveillante, sans jugement ni moqueries.

Comment ?

✳ Réalisez 15 cartes de papier cartonné sur lesquelles vous inscrirez des questions adaptées à l'âge de vos enfants. Découpez une flèche et une roue dans le même papier cartonné. Divisez la roue en 4 parties, puis collez dans chacune la photo de l'un des membres de la famille (ou inscrivez son prénom). Faites un trou au centre de la roue, glissez-y une attache parisienne et fixez-y la flèche de sorte qu'elle puisse tourner.

✳ 5 cartes seront dédiées à l'émotion, par exemple : « Dis à cette personne ses trois plus belles qualités », « Dis à cette personne ce que tu apprécies de faire avec elle », « Demande à cette personne de te dire les plus belles choses qu'elle aime en toi », « Fais à cette personne trois compliments sur son comportement cette semaine », « Dis à cette personne pourquoi tu es fier d'elle »...

✳ 5 cartes seront dédiées au partage des souvenirs, par exemple : « Raconte ton souvenir le plus rigolo avec cette personne », « Partage un souvenir sur le meilleur service que t'a rendu cette personne », « Quel est le plus beau compliment que t'a fait cette personne ? », « Quel moment le plus émouvant as-tu partagé avec cette personne ? », « Si tu devais remonter dans le temps, quel événement aimerais-tu revivre avec cette personne ? »...

✳ 5 cartes seront dédiées au futur, par exemple : « Quels jeux aimerais-tu faire avec cette personne ? », « Quelle est la plus belle chose que tu puisses souhaiter à cette personne ? », « Quel moment de tendresse aimerais-tu partager avec cette personne ? », « Qu'aimerais-tu faire demain avec cette personne ? », « Quelle activité physique aimerais-tu faire prochainement avec cette personne ? »...

Les bénéfices ? Ce jeu participe à installer une atmosphère familiale positive et harmonieuse, où les émotions des uns et des autres sont partagées dans la bienveillance. En livrant les bons sentiments que vous avez les uns envers les autres, vous resserrez vos liens, mais aussi votre envie de faire encore une foule de belles choses tous ensemble !

UNE SÉANCE DE RIGOLADE

C'est quoi ? Des rires et des applaudissements réalisés en rythme… ou pas ! À effectuer ensemble au quotidien pendant 5 à 10 minutes.

Comment ?

✳ Mettez-vous en cercle et commencez à faire des sons très exagérés avec la bouche bien ouverte : « ha, ha, ha », puis « ho, ho, ho », puis « hi, hi, hi » et enfin « hé, hé, hé ».

✳ Refaites la même chose, mais cette fois en tapant dans vos mains au rythme des différents sons.

✳ Accélérez le mouvement des mains et la voix (il y a déjà fort à parier que tout le monde parte en fou rire à ce moment-là…).

✳ Trouvez un air de chanson que tout le monde connaît et répétez les sons sur cet air de musique.

✳ Laissez-vous aller à rigoler tous ensemble et inventez de nouveaux airs si cela… vous chante !

Les bénéfices ? En matière de partage d'émotions positives, la rigolade est l'un des meilleurs outils qui soient ! Elle favorise le sentiment de bien-être, libère les hormones du bonheur (les fameuses endorphines…) et déclenche des émotions positives chez tous les membres de votre famille.

VOTRE ROUTINE SPÉCIALE ANTI-CRISES

Puisqu'ils sont nés dans un ordre bien déterminé, vos enfants vont logiquement se positionner différemment dans leur environnement familial. Au fil des années, le défi de votre aîné sera d'apprendre à accepter la présence de son cadet et de lui faire de la place dans son quotidien sans pour autant se sentir menacé par sa présence. Pour votre petit dernier, le principal challenge sera celui d'exister par lui-même, c'est-à-dire en dehors du modèle déjà tracé par le grand. Oubliez donc l'idée (certes séduisante) de vouloir à tout prix nier ou effacer leur sentiment de rivalité, car celui-ci est nécessaire à la construction de leur identité ! En effet, en se disputant pour des broutilles – mais aussi pour des sujets plus importants –, vos enfants s'individualisent et éprouvent leur autonomie respective, nécessaire à leur construction.

VOTRE DÉFI ? FAVORISER LEUR LIEN FRATERNEL

« Ils se disputent tout le temps mais ne peuvent pas se passer l'un de l'autre… » Quel parent de fratrie n'a jamais prononcé cette phrase ? En effet, rares sont les frères et sœurs qui ne se chamaillent pas un peu, voire beaucoup, mais qui ne se protègent pas immédiatement si quelqu'un de l'extérieur vient à embêter l'un d'entre eux ! Pour favoriser au quotidien ce sentiment de fraternité (et pas seulement à l'extérieur de votre maison), vous allez devoir leur apprendre à surmonter cette impression de vivre des situations injustes. Découvrez cette routine spéciale anti-crises pour les accompagner sur le chemin du respect mutuel.

3 actions quand la crise monte

1. Parlez-leur d'équité

« Il a plus que moi, c'est pas juste ! », entendez-vous régulièrement à la maison ! En effet, dans les fratries, comparer ce dont bénéficient les uns et les autres est quasi permanent et à l'origine de nombre de disputes, difficiles à gérer pour les parents. En réalité, cette minutieuse attention portée à la stricte égalité révèle la crainte de vos enfants d'être moins aimés ou de bénéficier de moins d'attention que l'autre… Conséquence : chaque jour vous entendez la phrase « c'est pas juste ! » de la bouche de l'un ou de l'autre… Votre défi : leur faire comprendre l'importance de l'équité plutôt que de l'égalité. Cette mise en situation est adaptée aux enfants âgés de 5 ans et plus.

→ Concrètement ?

Quand votre petit dernier se plaint de n'avoir pas autant de purée dans son assiette que son aîné, ou encore quand le plus grand vous reproche de passer plus de temps dans la salle de bains avec son petit frère qu'avec lui, proposez-leur de réaliser une petite mise en scène à l'aide d'une famille de figurines, type Playmobil®.

✳ Dites-leur que toute la famille se rend à un super-spectacle. Positionnez vos figurines côte à côte, assises sur des gradins, comme si elles étaient au spectacle.

✳ Malheureusement, le cadet de la famille est bien trop petit pour voir le spectacle et la vue lui est bouchée par un spectateur devant lui ; les autres membres de la famille, eux, sont suffisamment grands pour voir la scène. Demandez à vos enfants si cette situation leur paraît juste.

✳ Proposez-leur ensuite un petit cube de Lego et demandez-leur de trouver une solution pour aider le petit dernier à bien voir le spectacle lui aussi.

✳ Il y a fort à parier qu'ils aideront le petit dernier à monter sur le Lego pour qu'il puisse lui aussi admirer le fameux spectacle. Félicitez-les pour leur gentillesse et rappelez-leur que c'est ça une famille solidaire !

✳ Par la suite, expliquez-leur que leurs besoins sont différents. Par exemple, dites-leur que le ventre du petit frère n'est pas assez gros pour manger autant que le grand, et que c'est pour cette raison que vous ne lui donnez pas autant ; sinon, il aurait mal à l'estomac et ça ne serait pas bon pour lui ! Vous pouvez aussi dire que, si vous passez plus de temps dans la salle de bains avec le petit dernier, c'est parce qu'il ne sait pas encore comment bien se laver tout seul et qu'il a besoin de votre aide.

✳ Quand vos enfants se plaignent de vivre des injustices, revenez à ce petit jeu de figurines pour leur rappeler l'importance de respecter les besoins de chacun et de s'y adapter.

« L'amour des parents n'est pas un gâteau dans lequel on coupe des parts égales. À chaque enfant, les parents refont un gâteau d'amour ; ce n'est pas le même, mais c'est la même qualité. »
FRANÇOISE DOLTO

2. Apprenez l'art de la diversion

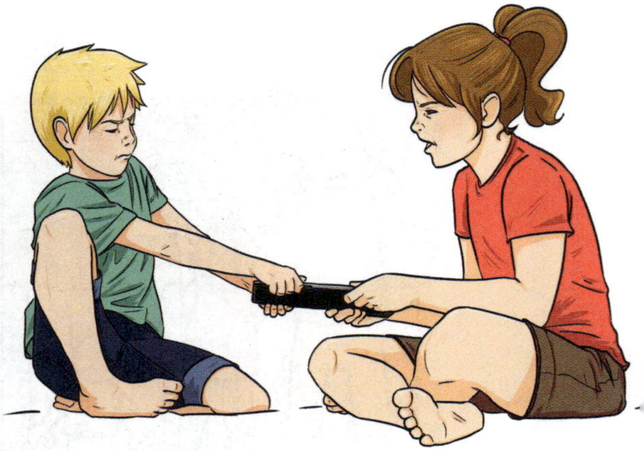

Vous entendez au loin les prémices d'une chamaillerie... Vos enfants se disputent pour un oui ou pour un non, ils sont fatigués et leur excitation est palpable. Tout n'est pas perdu : il est encore temps de désamorcer la dispute qui pointe le bout de son nez par une habile diversion !

➡ **Concrètement ?**

- Vous sentez la phrase ou le geste de trop arriver ? Attribuez rapidement à chacun de vos enfants une mission différente !
- Par exemple, demandez au grand de venir vous donner un coup de main pour ranger la vaisselle propre dans le placard de la cuisine et demandez au petit dernier de vider le panier de course sur la table...
- Trouvez des activités différentes pour chacun de vos enfants, des activités où ils n'auront pas à se croiser pour éviter de réactiver l'objet ou le sujet de leur dispute.
- En 10 minutes seulement, la tension entre les deux sera retombée et ils auront oublié leur petit désaccord !

➡ Votre rôle ? Garder une neutralité bienveillante pendant les conflits de vos enfants et vous mettre à l'écoute de l'ensemble des points de vue.

3. Restez (plus ou moins) à distance

Lorsque vous sentez la tension monter entre eux (ils sont fatigués, ils se chamaillent depuis un moment pour trois fois rien, ils sont excités comme des puces...), il est préférable d'opter pour une position de neutralité bienveillante... du moins quand la situation est encore contrôlable !

Attention au poids des alliances inconscientes...

Bien souvent, le poids de notre propre héritage familial a un impact sur notre manière de réagir face aux disputes de nos enfants ! En effet, selon la place que l'on a soi-même eue dans sa fratrie, on a tendance à rejouer certaines situations au travers de nos enfants... Comment ? Par exemple, un parent qui a été cadet dans sa fratrie et qui a mal vécu l'« autoritarisme » de son aîné pendant son enfance aura tendance à s'identifier à son dernier-né : « Je souhaite qu'il ne se laisse pas faire et je ne passerai rien au grand en cas de dispute. » Cette volonté inconsciente de réparer sa propre histoire familiale à travers celle de ses enfants est tentante... Pour autant, il est important de rester à sa propre place de parent et de ne surtout pas rejouer des conflits qui appartiennent au passé. En prenant conscience de nos propres schémas psychiques, on peut aisément éviter de faire une alliance, inconsciente bien sûr, avec l'un de nos enfants au détriment de l'autre.

Concrètement ?

* Gardez en tête que le conflit est nécessaire pour que vos enfants développent leur propre personnalité. Ils doivent apprendre à gérer leurs disputes sans votre intervention pour développer leur capacité à s'affirmer et à exprimer leurs émotions. Restez donc à proximité (afin qu'ils sachent que vous n'êtes pas loin) et veillez à ce que le conflit ne s'envenime pas. Votre présence les rassure sur le fait que vous êtes malgré tout disponible s'ils souhaitent votre intervention.
* Pour accompagner et cadrer sainement leur conflit, rappelez-leur simplement que vous avez confiance en eux et que vous n'autoriserez en aucune façon des situations de violence.
* Si vous sentez que vos enfants ne sont pas suffisamment matures pour gérer ce conflit et qu'ils pourraient se sentir affectés par la dispute, proposez-leur de se poser chacun dans un coin de la pièce quelques minutes pour souffler avant de pouvoir parler ensemble de ce qui s'est passé.

Comment réagir quand votre enfant cafte ?

Votre enfant essaye de se faire mousser en racontant la ou les bêtises de son frère ? Voici les 3 règles d'or pour (bien) réagir...

1. *Tout d'abord, ne rentrez pas dans le jeu de votre enfant et montrez-lui votre désapprobation face à son attitude, même s'il pense bien faire : la dénonciation n'est pas quelque chose que vous appréciez.*
2. *Rappelez-lui que vous connaissez suffisamment les défauts de son frère et que vous n'avez pas besoin de ce type d'informations pour être au courant de ses éventuelles bêtises. En disant cela, vous le rassurez sur sa place d'enfant : ses parents savent gérer les événements avec justesse. D'autre part, cela lui montre clairement que vous n'accepterez pas non plus que son frère cafte dans son dos.*
3. *Ne le comparez pas à son frère en lui disant que vous savez qu'il fait moins de bêtises que lui et que ça vous rend fier, cela ne pourrait qu'engendrer un sentiment de rivalité.*

3 actions quand la crise est en cours

1. Accompagnez-les avec des phrases de confiance

C'est trop tard, vos enfants se livrent désormais une dispute sans merci ! Restez fidèle à votre première attitude de distance bienveillante, mais veillez tout de même à cadrer le conflit par des questions ouvertes, qui amèneront vos enfants à trouver des solutions par eux-mêmes. À la clé, des excuses plus sincères et des compromis qui satisferont tout le monde.

Concrètement ?

* « Je suis certain qu'il y a une solution pour régler votre conflit. Réfléchissons-y. »
* « J'ai confiance en vous pour résoudre le problème. Qui a une idée de comment s'y prendre ? »
* « Comment faire pour que ton frère, qui est très contrarié par ce que tu viens de dire, se sente mieux ? »

* « Comment faire pour que tout le monde soit satisfait ? »
* « Je vous fais confiance, je sais que vous pouvez trouver une solution sans violence. »
* « J'entends que vous êtes en colère, mais je vous fais confiance pour trouver une solution qui vous convienne à tous deux. »

Si vos enfants sont trop petits pour élaborer un compromis satisfaisant, guidez-les sur des pistes de solution : « J'ai compris que vous vouliez tous les deux jouer avec la même poupée, alors qu'est-ce qui vous convient le mieux : que je fasse tourner le chronomètre et que chacun y joue à tour de rôle ? Que je range ce jeu et que je vous en propose un autre ? Que l'un joue à ce jeu tout seul pendant que l'autre dessine en attendant son tour ? » Laissez-les choisir ensemble la solution qui leur convient le mieux.

« Plus un enfant est entendu dans ses colères, moins il fait de crises de rage, mieux il sait exprimer ses besoins et tolérer les frustrations. »
ISABELLE FILLIOZAT

2. Reformulez leurs besoins

Vos enfants campent sur leurs positions et ne parviennent pas à trouver de solution ? Et si vous leur donniez un petit coup de pouce (sans pour autant résoudre le problème à leur place) pour reformuler leurs besoins respectifs et leur permettre de trouver un terrain d'entente ? Pour cela, mettez-vous donc dans les bottes d'un journaliste !

→ Concrètement ?

* Pour désamorcer un conflit qui s'enlise, rien de tel que de désamorcer la situation avec un peu d'humour. Intervenez en disant à vos enfants que vous êtes reporter pour la télévision et que vous aimeriez comprendre ce qui se passe.

* Faites semblant de leur tendre un micro et dites par exemple : « Chers téléspectateurs, nous sommes en direct de la chambre de Manon et nous allons essayer de comprendre la bataille qui oppose actuellement Manon et Léa. Mesdames, pouvez-vous nous en dire plus sur votre dispute ? » N'hésitez pas à mimer les expressions étonnées du journaliste… sans jamais prendre parti pour l'une ou pour l'autre !

✳ Reformulez pour les téléspectateurs invisibles les besoins de chacune : « Pour que nos téléspectateurs soient bien informés, pouvez-vous nous réexpliquer le déroulé des événements ? Manon veut jouer avec la poupée de Léa, mais Léa refuse car elle n'a pas encore eu le temps de jouer avec. C'est bien cela ? »

✳ Dites-leur que les téléspectateurs attendent des actions efficaces pour enrayer le conflit qui les oppose : quelles solutions les filles vont-elles mettre en œuvre ? Demandez-leur, pour le fun, de signer une fausse déclaration de paix sous le regard des caméras.

WARNING !

Attention, si les larmes coulent et que les cris fusent déjà dans tous les sens, ce petit jeu du reporter ne sera pas adapté à la situation. D'autre part, les enfants de moins de 5 ans pourront ne pas y être sensibles. Adaptez votre ton et votre humour, sans jamais vous moquer de l'un ou de l'autre !

3. Utilisez l'humour

Dans le cas où vos enfants ne souhaitent pas trouver des solutions par eux-mêmes et s'enlisent dans une discussion interminable qui a pour seul résultat de nourrir le conflit, munissez-vous de cette arme imparable qu'est l'humour !

→ Concrètement ?

✳ Si vos enfants se battent pour un jouet depuis de longues minutes sans parvenir à trouver une solution qui leur convienne à tous les deux, saisissez avec malice le jouet de leur main et partez en courant à travers la maison : ils vous poursuivront à coup sûr ! Rigolade assurée...

✳ Faites l'idiot et demandez à vos enfants de se mettre d'accord rapidement sinon, au choix, vous mangez la peluche en question, vous vous asseyez sur le sachet de bonbons, vous vous versez le plat de pâtes sur la tête... Trouvez des idées complètement absurdes et amusantes pour qu'ils prennent un peu de recul sur la situation et finissent par en rire.

✳ Lancez-vous dans une chasse aux bisous ! Si vos enfants sont tactiles et que vous les sentez réceptifs à ce moment-là (c'est-à-dire quand la dispute n'est pas trop poussée et qu'il ne s'agit que d'une petite chamaillerie), déclarez la chasse aux bisous ouverte et courez-leur après partout dans la maison pour leur faire à chacun de gros bisous !

2 actions quand la crise est passée

1. Ne les obligez pas à s'excuser

Forcer vos enfants à s'excuser juste après une dispute provoque bien souvent l'effet inverse à celui recherché ! En effet, s'excuser par obligation ne permet pas de vraiment comprendre les émotions ressenties par l'autre.

Concrètement ?

- Quelques heures après la dispute, demandez à vos enfants de revenir ensemble sur les émotions ressenties pendant le conflit. Incitez-les à utiliser le « je » pour raconter leur version à tour de rôle, par exemple : « Je me suis mis en colère parce que je t'ai vu voler mon doudou », « J'ai eu mal au cœur parce que tu as piétiné mon dessin », « J'ai eu de la peine parce que tu m'as bousculé »...
- Demandez à l'autre de dire ce qu'il a compris des propos de son frère ou de sa sœur, et de les reformuler.
- Après qu'ils ont parlé de leurs émotions respectives et que vous les sentez plus détendus, demandez-leur ce qu'il serait possible de faire pour « réparer » les émotions de l'autre.
- Ensuite, expliquez-leur que c'est important de demander pardon lorsqu'on a compris ce que la dispute avait provoqué chez l'autre.

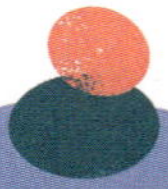

PAS DE FORCING !

Les parents ont naturellement envie que leurs enfants s'aiment et se le disent, mais plus vous insistez pour qu'ils se disent « je t'aime » ou qu'ils se fassent des bisous, et plus ils rechignent à le faire. L'amour ne se commande pas, il se construit ! Ainsi, ne les forcez jamais à manifester leur affection, cela doit venir spontanément !

2. Faites-leur adopter la posture du volcan

Quelques heures après la dispute, une fois que le calme est revenu, il est bon de chasser les derniers restes de colère que vos enfants portent en eux. Grâce à la posture du volcan, ils peuvent se vider entièrement des petites émotions négatives qui les ont secoués.

Concrètement ?

- Demandez à vos enfants de s'allonger sur le dos sur un tapis moelleux ou sur leur lit, puis de prendre 3 profondes inspirations.
- Dites-leur de relâcher un par un tous les muscles de leur corps afin de sentir ce dernier s'enfoncer dans le sol.

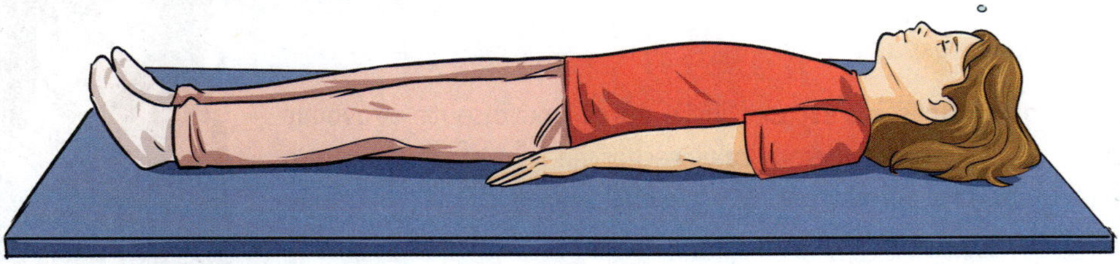

✳ Demandez-leur de fermer les yeux et d'imaginer un volcan en éruption, avec de la lave très chaude, orange, qui jaillit par le haut. Elle est en ébullition ! Le ciel est coloré de rouge, la fumée est épaisse et il est possible d'entendre siffler les projections de lave.

✳ Puis, peu à peu, la lave se fige pour se transformer en pierre froide... jusqu'à ce que le volcan s'éteigne complètement.

✳ De la pluie fine et toute fraîche tombe autour du volcan et la fumée s'estompe : on voit enfin tout le paysage autour du volcan.

✳ Demandez à vos enfants de ressentir cette fraîcheur dans leur corps. Comme ça fait du bien, n'est-ce pas ?

Conclusion

Oui, l'arrivée d'un deuxième enfant dans la famille est loin d'être de tout repos… Entre vos propres remises en question, la (nouvelle) gestion logistique et les ajustements du quotidien pour votre aîné, vous avez du pain sur la planche ! Pour autant, comme vous venez de le voir, une bonne préparation permettra à ces petits (et grands) changements d'être ultra-stimulants. En effet, chacun des membres de votre tribu prend tour à tour sa place dans cette configuration, et vos liens se resserrent d'autant plus.

N'hésitez pas à féliciter votre aîné, car c'est sans doute lui qui aura relevé le plus de défis depuis l'annonce de l'arrivée d'un petit frère ou d'une petite sœur dans sa vie. Dépasser son sentiment de jalousie, accepter le changement en trouvant sa nouvelle place, dénicher en lui les clés pour se rassurer et vous faire pleinement confiance… Votre grand est désormais armé pour affronter toutes les situations de la vie (ou presque). Grâce à ce training de haut vol, il aura toujours en lui les outils qui lui permettront de s'adapter à de nombreuses situations, même celles qui paraissent bien compliquées !

Vous pouvez également vous féliciter, car c'est grâce à votre bienveillance et à votre écoute que vous permettez à votre aîné d'avancer serein et confiant dans cette aventure. Quel beau cadeau vous lui offrez !

Concernant votre petit dernier, vous avez désormais débroussaillé le terrain pour l'accueillir dans d'excellentes conditions. À lui désormais de faire sa place dans votre tribu, sous votre regard bienveillant et vos encouragements. Poussez-le à se démarquer en douceur des pas tracés par son aîné pour qu'il puisse, lui aussi, progresser tranquillement sur la voie de l'autonomie et devenir un enfant épanoui et heureux ! Soyez indulgent, aucune famille n'est parfaite et votre parcours sera semé de réajustements en tous genres… Accueillez les changements et les remises en question avec souplesse : ce sont eux qui vous permettront d'être encore plus forts tous ensemble.

Belle et longue route à vous dans cette passionnante aventure familiale à quatre, voire plus… pourquoi pas !

Mes notes perso

Mes notes perso

Carnet d'adresses

✳ **lepointdequilibre.fr** : site de Marion Pujol-Ledroit, psychomotricienne, pour stimuler la psychomotricité de votre enfant dans un but préventif et pour appuyer son développement global dans le respect de son corps.

✳ **detenteetsophrologie.com** : site de Florence Binay, sophrologue spécialisée dans la sophrologie ludique pour les enfants. On y trouve des ateliers « Grandir heureux et zen » spécialement conçus pour cultiver l'optimisme et le positif chez votre enfant.

✳ **Les lieux d'accueil enfants-parents (LAEP)** sont des espaces d'accueil situés partout en France (voir sur le site de votre CAF). Ils accueillent les parents pour des temps de parole libre auprès de professionnels de la petite enfance, mais aussi les enfants dans des espaces de jeux dédiés pour stimuler leur sociabilité.

✳ **sorganiser-facile.com** : blog de Laurence Einfalt truffé de conseils pratiques et astucieux pour gérer l'organisation et la logistique à la maison !

✳ **coolparentsmakehappykids.com** : site de la parentalité positive, pour des conseils ultra-ludiques et bien pensés pour vivre en harmonie avec votre tribu !

✳ **papapositive.fr** : blog rempli de joyeux coups de pouce pour éduquer son enfant avec bienveillance.

✳ **psychologie-positive. blogspot.fr** : blog de Cécile Neuville, psychologue, qui traite de la psychologie positive pour petits et grands.

✳ **apprendreaeduquer.fr** : une vision 100 % positive de l'éducation.

✳ **les-supers-parents.com** : les conseils d'un jeune couple de parents tourné vers la parentalité positive.

Bibliographie

* Isabelle Filliozat, *Au cœur des émotions de l'enfant* (Marabout.)
* Anne Bacus, *Traitez-les comme des mômes !* (Marabout).
* Charlotte Ducharme, avec Camille Beaumont, *Cool Parents Make Happy Kids* (Marabout).
* Florence Binay, *Mon p'tit cahier – Confiance en soi* (Solar).
* Béatrice Di Mascio, *Mon enfant de la naissance à la maternelle* (Albin Michel).
* Cécile Neuville, *Mon p'tit cahier – Émotions* (Solar).
* Bénédicte Péribère et Solenne Roland-Riché, *les 50 Règles d'or de l'éducation positive* (Larousse).
* Daniel Siegel et Tina Paine-Bryson, *le Cerveau de votre enfant* (Les Arènes).

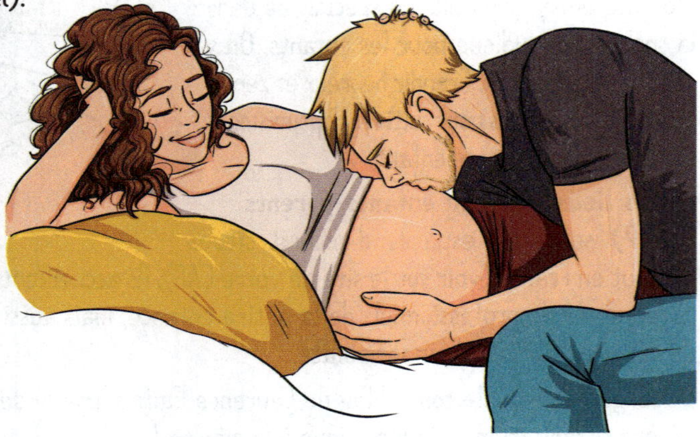

Remerciements

Merci infiniment à Violaine Dablin, psychologue spécialiste du développement de l'enfant et de la périnatalité, qui m'a apporté de nombreux conseils ainsi que son précieux soutien pendant que son adorable Soren – âgé de quelques mois seulement – babillait fièrement dans son cosy...

Merci du fond du cœur à Marion Pujol-Ledroit, psychomotricienne, qui m'a accompagnée et guidée avec bienveillance tout au long de la rédaction de ce « p'tit cahier ». Merci à Nicolas Dutriaux, secrétaire général du Collège national des sages-femmes de France, qui a immédiatement répondu présent (comme toujours !) pour m'aiguiller sur les conseils indispensables pendant la visite à la maternité. Merci aussi à Laurence Einfalt pour sa vision joyeuse de l'organisation de la vie de famille.

Merci également à mes amis parents – ou non –, qui ont su ponctuer la rédaction de ce livre de leurs drôles anecdotes et de leurs encouragements !

Enfin, je tiens à remercier Jean, mon étoile précieuse avec qui la vie de famille (à quatre... voire plus !) promet d'être passionnante, ainsi que mes parents, qui ont toujours eu à cœur de valoriser les différences de leurs deux filles et de cultiver leur amour !

MON P'TIT CAHIER YOGA
MON P'TIT CAHIER ALLERGIES ALIMENTAIRES
MON P'TIT CAHIER MÉDITATION
MON P'TIT CAHIER ÉMOTIONS
MON P'TIT CAHIER MONTESSORI
MON P'TIT CAHIER MA GROSSESSE AU NATUREL
MON P'TIT CAHIER CONFIANCE EN SOI
MON P'TIT CAHIER LA 1RE ANNÉE DE MON BÉBÉ
MON P'TIT CAHIER EN PLEINE FORME
MON P'TIT CAHIER COLÈRE
MON P'TIT CAHIER AUTONOMIE
MON P'TIT CAHIER CONCENTRATION
MON P'TIT CAHIER ZÉRO DÉCHET
MON P'TIT CAHIER MON ENFANT À HAUT POTENTIEL
MON P'TIT CAHIER ANIMAUX DE COMPAGNIE
MON P'TIT CAHIER NATURE
MON P'TIT CAHIER SÉPARATION
MON P'TIT CAHIER NO STRESS
MON P'TIT CAHIER PENSÉE POSITIVE
MON P'TIT CAHIER J'AIME APPRENDRE
MON P'TIT CAHIER MON ENFANT HYPERACTIF
MON P'TIT CAHIER YOGA PRÉNATAL
MON P'TIT CAHIER ZÉRO CHARGE MENTALE
MON P'TIT CAHIER SOMMEIL
MON P'TIT CAHIER OBJECTIF ZÉRO EMPREINTE EN FAMILLE
MON P'TIT CAHIER YOGA POSTNATAL
MON P'TIT CAHIER SOINS AU NATUREL
MON P'TIT CAHIER SOPHROLOGIE
MON P'TIT CAHIER MATERNAGE
MON P'TIT CAHIER COMMUNICATION BIENVEILLANTE

MON P'TIT CAHIER
PEURS
SOLAR

MON P'TIT CAHIER
ÉCRANS
SOLAR

MON P'TIT CAHIER
ÉVEIL PSYCHOMOTEUR
SOLAR

MON P'TIT CAHIER
MON ENFANT DYS
SOLAR

MON P'TIT CAHIER
NOUVELLE TRIBU
SOLAR

MON P'TIT CAHIER
JE SIGNE AVEC MON BÉBÉ
SOLAR

MON P'TIT CAHIER
ALLERGIES ALIMENTAIRES
SOLAR

MON P'TIT CAHIER
ALIMENTATION ÉQUILIBRÉE
SOLAR

MON P'TIT CAHIER
PILATES PRÉNATAL
SOLAR

MON P'TIT CAHIER
DME
DIVERSIFICATION MENÉE PAR L'ENFANT
DE 6 À 12 MOIS... ET POUR TOUTE LA VIE !
SOLAR

MON P'TIT CAHIER
AUTORITÉ BIENVEILLANTE
SOLAR

MON P'TIT CAHIER
ENFANT UNIQUE
SOLAR

MON P'TIT CAHIER
Mon enfant hypersensible
MATERNELLES
SOLAR

MON P'TIT CAHIER
Arrivée du 2e
MATERNELLES
SOLAR

MON P'TIT CAHIER
Nouveau papa
MATERNELLES
SOLAR

MON P'TIT CAHIER
Éducation positive
S'épanouir en grandissant !
MATERNELLES
SOLAR

MON P'TIT CAHIER D'ACTIVITÉS
PARENTALITÉ LUDIQUE
5-8 ANS
MANDALA
SOLAR

MON P'TIT CAHIER D'ACTIVITÉS
PARENTALITÉ LUDIQUE
MONTESSORI
SOLAR

MON P'TIT CAHIER D'ACTIVITÉS
PARENTALITÉ LUDIQUE
4-8 ANS
MERCREDI APRÈS-MIDI
SOLAR

MON P'TIT CAHIER D'ACTIVITÉS
PARENTALITÉ LUDIQUE
4-8 ANS
JOURS DE PLUIE
SOLAR

Direction : Jean-Louis Hocq
Direction éditoriale : Marion Guillemet
Directrice de collection : Juliette Collonge
Édition : Bérénice Taveau
Conception et mise en couleur de la couverture : Stéphanie Brepson
Mise en pages : Nord Compo
Fabrication : Laurence Duboscq

ISBN : 978-2-263-17827-6
Code éditeur : L17827
Dépôt légal : février 2022

Achevé d'imprimer en France par Imprimerie de Champagne en janvier 2022.

Solar, un département d'Édi 8
92 avenue de France
75013 Paris

SolarEditions
solar_editions